Mejora tu autoestima

A pesar de haber puesto el máximo cuidado en la redacción de esta obra, el autor o el editor no pueden en modo alguno responsabilizarse por las informaciones (fórmulas, recetas, técnicas, etc.) vertidas en el texto. Se aconseja, en el caso de problemas específicos —a menudo únicos— de cada lector en particular, que se consulte con una persona cualificada para obtener las informaciones más completas, más exactas y lo más actualizadas posible. EDITORIAL DE VECCHI, S. A. U.

© Editorial De Vecchi, S. A. 2019
© [2019] Confidential Concepts International Ltd., Ireland
Subsidiary company of Confidential Concepts Inc, USA
ISBN: 978-1-64461-980-3

Silvio Crosera

MEJORA TU AUTOESTIMA

dve
PUBLISHING

Índice

Antes de empezar...

Todo el mundo posee importantes habilidades que le permiten cambiar y mejorar a lo largo de la vida. El primer paso, fundamental para desarrollar todo nuestro potencial, es el deseo de progresar teniendo al mismo tiempo muy claro el punto en el que nos encontramos en ese momento. Además, es importante tener una idea de qué se puede ser o llegar a ser, y ser consciente de las etapas que se han de atravesar para conseguir los objetivos marcados previamente.

En este libro se propone un recorrido general, en cuyo interior se puede trazar otro a su medida. De este modo, a partir de lo que considere interesante, podrá volver a definirse al trasladar (e identificarse en mayor o menor medida) las observaciones del autor. Con ello llevará a cabo un «autodiagnóstico» natural y espontáneo que puede ayudarle a definir y, sobre todo, aclarar lo que no funciona, y comprender por qué antes los posibles intentos no dieron resultados apreciables.

¿Qué se entiende por autoestima?

Se puede definir la autoestima como una actitud generalizada hacia uno mismo, tanto positiva como negativa. Se trata, por tanto, del sentimiento por el que una persona, al dirigirse a sí misma, piensa en general positiva o negativamente. A menudo se incluye dentro del concepto de autoestima la palabra «seguridad», en el sentido positivo del término, es decir, seguridad en la propia capacidad mental o física, o en ser bien aceptado o incluso admirado por los demás. Esto es aún más cierto si se piensa que comúnmente la palabra «autoestima» —incluso sin añadir adjetivos como «buena», «suficiente», etc.— contiene ya en sí un valor positivo del juicio que se tiene de uno mismo. Por otra parte, también se asocian a la autoestima términos que tienen que ver con las emociones, de nuevo positivas o negativas, es decir, sentirse bien o satisfecho, o bien ansioso o deprimido (por facilitar algunos extremos de referencia).

En la vida diaria, la autoestima significa ser consciente de la habilidad para hacer frente a los desafíos de la vida y también, por qué no, de la capacidad para construir la propia felicidad. La autoestima es la manera de pensar, sentir y actuar que aceptas, respetas y en la que crees hasta el final. Cuando te aceptes, podrás vivir en armonía con tus esfuerzos, con el sufrimiento y también con la autocrítica o las críticas que otros te dirijan. Cuando te respetes reconocerás tu dignidad y tu valor como persona única. Y entonces te tratarás de la misma forma en que tratas a una persona que consideras digna de tu respeto.

En lo que a autoestima se refiere, lo cierto es que debe provenir por completo de dentro de cada uno de nosotros. De hecho, si la autoestima se traduce por la valoración que cada uno se da a sí mismo, entonces es de vital importancia conocer a qué nivel se pondría la persona en una hipotética escala.

En este libro se va a ayudar al lector a descubrir a través de cuál de las innumerables vías posibles puede conocerse mejor y aprender a reconocer su propio valor. Todo lo que aquí se expone está pensado para ofrecer numerosas claves de reflexión sobre las condiciones personales y, en particular, sobre cómo se puede cambiar realmente hacia algo más positivo, dejando de lado muchos sufrimientos inútiles. Debido a que el recorrido se ha pensado como una autoayuda, a menudo el lector tendrá que detenerse y recolocarse —es decir, volver a definirse— para después proseguir. Esta forma de actuar, estimulada constantemente por la lectura, se transformará en un «saber hacer», es decir, en una habilidad que se aplicará espontáneamente en la vida cotidiana.

Al mejorar la estima por uno mismo, tal vez tras partir de una situación más bien desagradable, no será ya necesario recurrir a recetas «reconstituyentes» para el propio Yo. Es más, cuando se sale de la «convalencencia», contar con un programa encaminado a conseguir en nosotros beneficios y cambios, y haber aprendido a contribuir a nuestro bienestar hará del todo innecesario dotarse de instrumentos especiales como reflexiones —pensamientos— o proyectos positivos, porque estos surgirán de manera completamente natural, sin esfuerzo. ¿Cuál es el secreto de este cambio que hasta ahora sólo habíamos podido imaginar? El método R&R: Reflexionar y Reprogramarse.

Los «diálogos virtuales»

Durante nuestra lectura nos toparemos de vez en cuando con «diálogos virtuales».Se trata de «recorridos guiados» en los que se ofrece al lector, en primer lugar, la posibilidad de pararse a reflexionar sobre sus habilidades y, de esta manera, conocerse mejor.

En segundo lugar, el rastro que deja cada «diálogo» supone un pretexto para ocuparse de uno mismo, quererse más, desear cualquier cosa para uno mismo o, aún mejor, aclarar qué se quiere y cómo se pretende conseguirlo. Por último, si se tiene la paciencia necesaria para seguir ese rastro, no se incurrirá siempre en las mismas consideraciones o conclusiones: la posibilidad que a todos se nos abre es aprender nuevos caminos, establecer nexos que no se habían probado antes por numerosos motivos personales.

¿PARA QUÉ SIRVE ESTE LIBRO?

Casi no es necesario recordarlo, pero debe quedar claro que el «diálogo virtual» no sustituye de ningún modo a la figura del profesional. Con este libro se pretende más bien favorecer la concienciación de uno mismo, para poder responder ante posibles dudas e intereses, y así ayudar a una persona durante su primera conversación con el psicólogo al que haya solicitado sus servicios.

El recorrido trazado por el autor tiene como objetivo obligar a reflexionar y contribuir a aprender cómo cada persona puede ayudarse en lo referente a:

— autoestima y seguridad en uno mismo;
— concienciación de la necesidad de cambiar y de la necesidad de hacerse responsable del propio desarrollo;
— conocimiento de los diversos pasos de la evolución personal y también profesional;
— capacidad de describir, además del propio temperamento, las propias habilidades, intereses, valores;
— conocimiento de los programas de desarrollo y de mejora de las propias condiciones de trabajo.*

* Este último punto tiene que ver con la confianza en la eficacia de los programas «educativos» propuestos por entidades cualificadas de formación (UE, universidades, corporaciones industriales y artesanales, etc.) en lo que atañe a la persona y a las perspectivas profesionales.

Para aquellos que están perfectamente pero...

En este libro también se ha tenido en cuenta el caso de quien vive al lado de una persona que no se quiere lo suficiente. ¿Cómo podemos ayudar a los que queremos?

Aquellos que hayan tratado de hacer algo por la pareja, un hijo o un amigo en esta situación, se habrán dado cuenta (más tarde o más temprano) de que la persona que aparentemente está encaminada hacia la solución de su problema sufre desagradables recaídas que la inducen a creer que no hay nada que hacer por ella. «Soy así, no sé hacer nada..., todo me sale mal» y se hunde en periodos depresivos y de fármacos en lugar de recurrir a los buenos (en el sentido de realizables) propósitos.

Al mismo tiempo, quien vive o se relaciona con una persona que no se quiere y que se siente débil, se ve cargado por grandes sufrimientos y exigencias más o menos explícitas por su parte. A menudo, quien no se quiere «se aprovecha» de un amigo, un pariente, etc., y lo utiliza como pantalla frente al mundo de las personas y de las cosas. En otras ocasiones, las peticiones de seguridad y estima o confirmación pueden tener que ver con la propia persona, y se reconocen por expresiones como «¿Cómo estoy? No estoy seguro de haber hecho esto o aquello. ¿Cómo me ves? No estoy seguro de... Ya verás como me critican/suspenden/rechazan como siempre». Quien le esté ayudando se encontrará en la paradójica situación de tener confianza en una persona que no tiene ninguna en sí misma. Una situación de este tipo provoca un gran estrés en el «ayudante», porque no puede estar nunca seguro del resultado de sus acciones; en ocasiones puede ir todo bien (quien no se quiere se convence de lo que vale y durante algún tiempo se siente más fuerte que nunca) o no del todo o en absoluto bien (la persona que no se quiere se sentirá en ese instante medianamente bien..., pero, al día siguiente, tendrá que comenzar de nuevo).

En efecto, las personas con poca confianza en sus propias relaciones no logran atesorar los «momentos buenos». Al encontrarlas después de dos días de lo que parecía un episodio positivo, se podría creer que están todavía contentas, ¡pero no! Todo ha desaparecido irremediablemente, hay que volver a empezar. En ese caso, el «ayudante», si le quiere, tendrá que aceptar que hay que comenzar de nuevo. O bien podrá amenazar al amigo diciéndole: «Si sigues así, no me tendrás a tu lado». Pero sería completamente inútil, porque el otro está convencido de no poder cambiar (aunque probablemente tiene todas las herramientas para conseguirlo).

A todos aquellos que se hallen en la situación de poder o querer ayudar a una persona que se encuentra mal consigo misma, se aconseja que actúen leyendo este libro y deteniéndose en las partes que consideren relativas a su propio «caso».

• Acercarse a la persona no con simpatía sino con empatía. Esta se define como la capacidad de experimentar los sentimientos de otra persona para comprender el significado que poseen determinadas experiencias para ella. La capacidad empática incluye:

— percibir los estados emocionales ajenos;
— diferenciar cada sentimiento del otro. En el caso de una emoción es necesario, por tanto, averiguar su naturaleza (alegría, miedo, rabia, tristeza, etc.) y su intensidad (alta, media, baja).

En la práctica, todo esto es posible si se observan las palabras que la otra persona utiliza para expresar sus propios sentimientos, es decir, estar atentos a su comportamiento verbal, plantear la «pregunta de la empatía» (¿cómo me sentiría en su lugar?).

• Verbalizar los estados emocionales ajenos, es decir, saber cómo volver a formular los sentimientos experimentados por la otra persona, en su calidad e intensidad. Dicha operación hace imprescindible:

— disponer de un vocabulario rico y articulado para describir con cuidado las emociones;
— examinar qué provocan las emociones experimentadas por el otro;
— averiguar los métodos adecuados para dirigir a la persona hacia sus vivencias personales.

• No confundirse con la persona a la que se ayuda (es el error más frecuente en el que caen los no profesionales).

• Dejar que la persona que necesita ayuda sea, en la medida de lo posible, quien dirija sus pasos.

• Programar la asistencia gradualmente, para que quien busca nuestro apoyo no se asuste y, al mismo tiempo, adquiera confianza y seguridad en su propia capacidad para arreglárselas solo.

• No esperar soluciones mágicas y definitivas, sino pequeños pasos y... grandes recaídas (alternándose en mayor o menor medida).

ADVERTENCIA: *Para que la interiorización de las reflexiones que se van a ir proponiendo sea más eficaz, los pronombres «yo» y «nosotros» se usarán todas las veces que sea posible. Por el contrario, cuando sea el psicólogo el que se dirija directamente al lector, se empleará el «tú».*

Cómo valorarse

¿Me conozco lo suficiente?

Valorarse sirve para poseer un mejor conocimiento de nosotros mismos y de los demás; los estudios de psicología social han demostrado que las personas desean estar al lado de quienes se les asemejan.

De este modo, si me conozco mejor, puedo elegir mejor mis amistades y entender también por qué no me apetece estar con alguien. Cada persona atesora un nivel medio de autoestima que considera óptimo para sí misma y sobre el que se apoya a la hora de valorar los éxitos o los fracasos.

Ahora bien, cuando se habla de autoestima es necesario tener presente otra consideración importante: ¿cuáles son mis aspiraciones? Al autoevaluarme he de tener necesariamente en cuenta los deseos y aspiraciones que conforman la imagen ideal que tengo de mí mismo y a la que desearía acercarme lo máximo posible en la realidad. Sin embargo, suele suceder que la separación (discrepancia) entre las dos valoraciones puede provocarme angustia, sensación de inadaptación, frustración. En una situación así difícilmente podré serme de ayuda para realizarme debidamente y con coherencia.

Un primer autoanálisis

Para contribuir a entenderte a ti mismo y comprender tu mundo interior, es probable que sea necesario reflexionar bien sobre los diversos significados de algunas palabras.

Se trata de eliminar la confusión que puede haber al colocar juntas, complicando su significado, diversas áreas semánticas, es decir, conjuntos de palabras que confluyen bajo el mismo concepto y que, en ocasiones se influyen. ¿Qué sucede en la práctica? Que si alguna palabra está cargada con un significado negativo puede contaminar a los demás conceptos y palabras que, hasta poco antes, tenían un sentido positivo. Es fácil, en ocasiones también para los entendidos, confundir, por ejemplo, fines con proyectos o expectativas con esperanzas. Eliminar la ambigüedad del significado de estas palabras-concepto te ayudará a utilizar mejor estos poderosos medios que mueven nuestras intenciones y nos obligan a actuar.

Ahora vamos a ocuparnos de una serie de aspectos de la personalidad y en especial de:

— objetivos ....
— creencias ....
— expectativas ....
— valoraciones ....
— proyectos ....
— deseos ....
— intenciones ....
— recuerdos ....
— imágenes ....
— esperanzas ....
— temores ....
— valores y convicciones ....
— juicios ....

Si lo deseas, ya puedes anotar tus observaciones al lado de cada palabra. En cualquier caso, a continuación vas a encontrar consideraciones relativas a cada uno de los términos o áreas. Se trata de breves «apuntes de viaje» en los que te puedes fijar para dejar más claras tus posturas.

OBJETIVOS

En el curso de nuestra vida, cada uno siente en su interior algo que le empuja a actuar, a ser alguien, a aprender nociones para él importantes. Incluso sin pararse demasiado a pensar, existen objetivos que atraen ligeramente y otros que se imponen con fuerza: son los dictados por la propia vida, que se debe vivir intensamente.

Satisfacer las propias necesidades y vivir con otras personas forma parte del cargamento de objetivos que cada uno lleva desde su nacimiento. Pero, aparte de estos objetivos —que forman naturalmente parte de todo ser humano—, cada persona añade otros, basados en sus propios orígenes (familia, contrato social, lugar de nacimiento, etc.), en la educación que ha tenido, en las experiencias vividas y en las respuestas recibidas.

A veces, como resultado de un hecho especialmente importante —por ejemplo, una defunción—, una persona puede verse abocada a modificar todos o parte de sus objetivos, porque ha valorado de nuevo los puntos de referencia internos, como puede ser la escala de valores por los que vale la pena vivir.

Atención: para alcanzar un objetivo es importante dirigirse a las creencias internas.

CREENCIAS

Las creencias o, lo que es lo mismo, aquello que asumimos como cierto y a lo que damos valor para decidir hacia qué dirección movernos en la vida, se nos facilitan en gran número desde nuestro nacimiento. Posteriormente, a lo largo de la vida, se nos van proponiendo diferentes creencias para obtener mejores resultados (y con un esfuerzo menor) de los obtenidos al recurrir a lo que creíamos firmemente.

Existen creencias buenas y malas. Veamos juntos de qué se trata. Las primeras reportan beneficios, ayudan a superar los momentos difíciles, nos confortan constantemente y nos permiten, también, leer la realidad de manera ventajosa para nosotros: por ejemplo, creer en la Providencia, que se ocupa de los pájaros del cielo y de todas las criaturas, o bien creer en una justicia natural por la que los culpables, antes o después, serán castigados. Estas creencias son buenas y ayudan en el difícil «oficio de vivir».

Existen, además, las creencias negativas o, mejor dicho, equivocadas: son aquellas que nos hacen sufrir cada vez que —de forma racional o bien espontánea o automáticamente— las colocamos entre nosotros y la realidad. Son «filtros» de trama tupida que provocan infelicidad, sufrimientos inútiles, angustia y miedos, entre otras cosas.

Alguien dice «es superior a mí», cambiando la creencia —que se ha aprendido o que es de todas formas espontánea— por algo inamovible, que no se puede modificar, predestinado.

Es evidente que cuando una persona habla de sí misma con términos negativos, se ha apropiado de ciertas actitudes mentales o creencias, con respecto a sí misma o al mundo en general, según las cuales cree que todo lo que piensa es justamente así en la realidad.

Algunos ejemplos típicos de creencias equivocadas:

— «¡No puedo decidir! Siempre soy víctima de las circunstancias».
— «La vida es una lucha continua: siempre surge algo que no funciona cuando parece que estamos tranquilos y felices».
— «Si intento arriesgarme... es muy probable que me vaya mal».
— «No soy importante, ni tampoco lo que siento, pienso, hago».
— «Debería parecer siempre "bueno" y "contento", sin importarme lo que sienta en mi interior».
— «Si me preocupo aún más, estas ideas probablemente desaparecerán».
— «¡No logro superar las situaciones difíciles!».

— «No hay nada que hacer».
— «El mundo exterior es malo. Sólo se encuentra seguridad en lo conocido o familiar».

EXPECTATIVAS

Según mucha gente, no se vive tanto por lo que se quiere alcanzar sino por lo que se espera.

Nos pasamos toda la vida persiguiendo un objetivo que tenemos en nosotros mismos. Las expectativas construyen el deseo de realizarnos por completo o algunos proyectos que tienen que ver con nuestras preocupaciones más íntimas.

Las expectativas provienen de un «depósito» importantísimo: la idea de uno mismo. Por eso hablamos de ellas en estas páginas, en las que se trata de entender cómo mejorar esta idea o cómo obtener de los demás una confirmación que nos haga sentir bien.

Sin duda, a lo largo de su breve o larga vida, cada uno de nosotros experimentará amarguras y sufrimientos debido a expectativas incumplidas, traicionadas, evaporadas.

Pero, poco a poco, de aquellas cenizas florecen a veces otras expectativas: las sentimos dentro, realmente dentro de nosotros, en rápido crecimiento, irrefrenables, en búsqueda de afirmaciones. Y llegados a este punto nos volvemos a poner en movimiento.

VALORACIONES

¡Cuidado con el orden! La valoración es un proceso que sigue siempre a una auténtica comprobación, y es el paso que me permite establecer un juicio sobre todo lo que he realizado.

Para juzgarme o juzgar el resultado de una acción, tengo que haber decidido —antes incluso de hacer una determinada cosa— de qué instrumento me serviré para realizar mi valoración. Solamente este procedimiento me permite medir realmente lo que quiero verificar.

Hasta aquí todo va bien, pero luego ¿para qué sirve? Para volver a programar. Es decir, para volver a plantearme el modo, la velocidad o el uso de los instrumentos que he utilizado al intentar alcanzar un objetivo.

Muy a menudo nos limitamos a observar —emocionalmente— lo que hemos realizado (o también lo que hemos dejado de hacer), nos dedicamos a escuchar nuestras sensaciones, lo que nos dice el corazón, y extraemos conclusiones/valoraciones.

Todo el tiempo perdido es energía que se malgasta. De hecho, las preguntas que tendremos que plantearnos son: ¿qué hemos aprendido de la experiencia? ¿Qué habría que modificar y por qué?

PROYECTOS

Para elaborar un buen proyecto necesito no sólo una idea, sino dividir el recorrido en comportamientos observables (es decir, objetivos) y elegir, entre todos ellos, los instrumentos que utilizaré, cómo y en qué periodo de tiempo. Muchos proyectos, que carecen de un plan organizado, acaban siendo papel mojado, porque la manera de proceder fue la siguiente: «Me gustaría...», «Tengo pensado...», «El año que viene...», «Si todo sale bien, haré...». Un proyecto, por el contrario, debe pasar a través de un esquema que prevea aclaraciones y pasos graduales, sin saltos.

¿Cuántas veces sucede que se cumple un proyecto (¿sueño?) incluso sin ser conscientes de haber superado los diferentes pasos? Quizá se trató de una circunstancia favorable, probablemente teníamos ya todo al alcance de la mano, por lo que no fue necesario emplear ningún instrumento especial. ¡Pero esta no es la regla general!

DESEOS

La persona con una autoestima baja se lamenta a menudo también de no tener deseos. Si los tuvo en el pasado, los ha abandonado por los fracasos que se ha encontrado, desde el momento en que, un poco por las circunstancias, ha sido/se ha desmotivado. «En el futuro no sé/no me interesa nada».

¿Qué falta entre el recuerdo del error pasado y las nulas perspectivas para el futuro? El presente.

En todo programa de desarrollo de uno mismo, es importante ser consciente de cómo se está en el momento en que se plantea la pregunta. Todavía sería mejor preguntarse: «¿Qué podría hacer para sentirme mejor?».

Algunas personas están acostumbradas a referirse a deseos como ir al Caribe o tener una casa nueva en un buen barrio... Seguramente dará mejores resultados comenzar por deseos más asequibles y, sobre todo, partir del cuerpo. ¿Qué significa eso? En primer lugar, escuchar el cuerpo: «¿Qué me está pidiendo ahora? ¿Qué he dejado de lado (en mi cabeza, en mi corazón) para que haya perdido ya la ilusión?».

INTENCIONES

«¡Qué buenas intenciones!», solemos escuchar. El diccionario puede ayudarnos, porque en la voz «intención» dice: «propósito o deseo de cumplir un determinado acto, no necesariamente acompañado de la voluntad decidida de realizarlo».

En ese instante entra poderosamente en combate la voluntad como criterio que determina más o menos el resultado o el éxito. A continuación, hablaremos someramente sobre la voluntad; no porque no sea un tema fundamental por sí mismo o porque no sea importante ejercitarla, sino porque sin instrumentos —además de la voluntad— no se puede ir muy lejos.

Como ya hemos dicho, lo que este libro pretende es acompañar al lector en una búsqueda/profundización sobre algunos aspectos de la construcción de la personalidad. Aspectos innumerables, hasta tal punto que aquí no se pretende en absoluto realizar un tratamiento exhaustivo.

Aplicar este método al hablar de propósitos, intenciones, deseos, quiere decir familiarizarse sobre ciertos objetivos. Entre la formulación de un pensamiento y el alcance/satisfacción de la intención formulada se pueden interponer diversos elementos que, con toda probabilidad, no permitirán la consecución del propio objetivo.

Es facultad de cada uno de nosotros aceptar detenerse antes o después cuando se encuentra un elemento de «distracción». Por este motivo, es adecuado no sólo reconocer los factores cuando se encuentran, sino también prever con tiempo su aparición.

Si una persona quiere proseguir con una intención, puede aprovecharse también de la voluntad. Sin embargo, hay una condición necesaria e indispensable para seguir adelante: tener clara la intención. ¿Qué se debe hacer si no está clara? Antes de nada, «eliminar la ambigüedad» dejando pasar un poco de tiempo para poder razonar con la mente fría; en definitiva, se trata de suprimir la emotividad en aquello que se pueda analizar racionalmente.

En segundo lugar, se debe intentar entender cuáles son los aspectos que no tienen nada que ver con lo que se está persiguiendo, pero que siguen presentándose, como si en efecto estuvieran ligados a lo que estamos buscando. Puede tratarse de asociaciones mentales afincadas recientemente o lejanas en el tiempo, o bien de situaciones vividas que todavía hoy nos influyen de manera más o menos negativa.

RECUERDOS

Pueden llegar a ser el alimento que nos permite avanzar, seguir viviendo y luchar, pero también pueden contribuir a destruirnos. Cada uno tiene la posibilidad de elegir.

No es este el lugar para tratar todos los recuerdos que «no recordamos», pero que conservamos en nuestro interior, «en el corazón»,[1] y cuya recuperación puede llevarse a cabo mediante técnicas especializadas como la hipnosis (de hecho, utilizada por muchos psicoterapeutas).

---

1. Recordamos al lector que en la Antigüedad la sede de la memoria era el corazón y no el cerebro.

¿De qué forma pueden crear los recuerdos un vínculo poderoso para la realización de un Ser libre, que se quiere? Habitualmente, por el condicionamiento que se podría haber generado.

Cada vez que nos acercamos a un determinado tema, evoca una cierta condición emocional (agradable o desagradable) que sin duda nos influye en nuestro proceder.

Por definición, los recuerdos pertenecen al pasado: esta marcha atrás no nos permite focalizar nuestras energías en el presente, a menos que no actuemos conscientemente al hacer o no hacer como sugeriría el propio recuerdo, bien vivo en nuestra memoria.

Los recuerdos pueden provocar pasividad, puesto que, al orientar nuestras elecciones actuales y futuras, nos imponen una determinada visión de las cosas por cuya razón puede ser inútil esforzarse «porque, después de todo, va a pasar que...», o bien «No lo he conseguido en ninguna ocasión y eso que era joven cuando lo intentaba..., imagina cómo me las podría arreglar ahora», por poner algunos ejemplos.

¿Qué se puede hacer para que los recuerdos se transformen en un impulso hacia el futuro? Servirse de los positivos.

De los negativos es necesario alejarse (con el corazón) para no vernos envueltos por ellos, y observarlos con mente fría, razonándolos, encontrando los motivos por los que en una determinada ocasión nos hemos comportado de tal manera.

Hay que recordar, además del episodio, las motivaciones, el empuje, los porqués, las expectativas que nos han inducido a movernos en esa precisa dirección, que, sin duda, entonces nos parecía la mejor.

Es necesario intentar comprobar si, aunque nos muevan las mismas intenciones, no es momento de cambiar el recorrido.

El objetivo, si es razonable, puede permanecer. Sin embargo, será necesario replantear los plazos y los métodos.

IMÁGENES

Si a través de los ojos de un niño en edad preescolar pasan el 80 % de los datos sensoriales, se puede comprender perfectamente la importancia que revisten las imágenes en nuestras vidas, tanto en términos de cantidad como de calidad (en el sentido de la influencia que pueden tener).

Rara vez las imágenes se asoman a nuestra mente como «fotogramas» separados. En general, gracias a las asociaciones mentales, se presentan en secuencias que se construyen sobre diferentes principios (semejanza, contraste, etcétera).

Las imágenes pueden traer consigo «presentes» diversos, como beneficio, relajación, serenidad o, por el contrario, tensión, irritación, amargura. Si se tiene en cuenta cuántos y qué factores pueden influir en ellas, es evidente que se debe poseer una buena dosis de «higiene mental» para poder proceder en la vida de manera equilibrada.

La imaginación es un sistema fundamental de representación y almacenaje de datos. Esta observación ha llevado a definirla como el «lenguaje del inconsciente». Si profundizamos sobre este aspecto, podremos afirmar que, mucho antes de la aparición del lenguaje, el niño es capaz de pensar mediante imágenes.

¿De qué puede servir la imaginación para la mejora de la autoestima? Puede ayudar mucho en el camino emprendido hacia el éxito (véase también el apartado sobre la visión, en la página 55). Si se «domestica» convenientemente la imaginación, ofrece inmensas, innumerables posibilidades de modificar nuestro clima interior. Podemos reconocer su eficacia siempre que estamos de mal humor. Y, entonces, ¿por qué no aprender a aprovechar este inmenso potencial para mejorar, para vivir con menos preocupaciones, o, por lo menos, con menos imágenes negativas?

Las imágenes que pueden ayudarnos tienen un «orden de preferencia»: de hecho, se dejan capturar cuando la persona se encuentra calmada y tranquila, cuanto está relajada. ¿Adónde nos lleva esto? A percibir las imágenes con mayor viveza, para extraer un mayor beneficio, porque nuestro Yo las percibe con mayor profundidad.

De todo lo dicho, se pone de manifiesto que, sin embargo, es necesario un poco de práctica para poder disfrutar de los beneficios prometidos por el uso de las imágenes (como con cualquier otra técnica que se deba aprender).

CÓMO CONSTRUIR Y UTILIZAR LAS IMÁGENES

Podemos comenzar por relajarnos en nuestro sillón preferido e imaginar que estamos en paz, en un lugar hermoso iluminado por el sol, con una fresca y ligera brisa acariciando nuestro rostro, aún mejor, la frente. Sobre nosotros se alza un maravilloso cielo azul, todo está completamente tranquilo y sereno. Nos dejamos llevar —abandonándonos— del mismo modo que sucede antes de quedarnos dormidos. Tras algunos días de práctica de este primer paso, habremos alcanzado un estado de bienestar y pasividad (tónico-muscular), y podremos incluir las imágenes de éxito, fuerza, potencia, bienestar o estima que consideremos como factores positivos en lo que somos aquí y ahora.

Si todavía no tenemos muy claro cómo queremos ser, aprovechémonos de la relajación para pensar sobre ello tranquilamente, sin estar influidos por el cuerpo que —en una actividad normal— corre, salta, baila, etc.

Poco se puede esperar si no existe una preparación adecuada; sería como querer calmarse en el momento más intenso de un enfado. ¡Imposible con cualquier técnica!

ESPERANZAS

¡No ilusiones! El diccionario vuelve a ayudarnos, en la voz «ilusión»: «error, engaño de los sentidos por el que una impresión falsa se considera realidad»; «falsa configuración de lo real según la cual se atribuye consistencia a los propios sueños y esperanzas».

Una vez más, en primer lugar conviene realizar una operación que ya hemos indicado anteriormente: «eliminar la ambigüedad». ¿Qué es eso? Separar las ilusiones de cualquier otra cosa.

Cuando yo mismo otorgo cualidades o deposito expectativas sobre alguna persona o situación y estas no se respetan o no satisfacen mi idea, me siento desilusionado, estoy obligado a desilusionarme. Este es el primer paso: contar las ilusiones, es decir, las atribuciones arbitrarias con las que voluntariamente nos rodeamos. Y luego valorar las esperanzas: ¿cómo son de buenas? Es decir, ¿tengo algo desde donde partir (una idea, un punto de referencia, un método, un «saber hacer») que me permita tener confianza en lograrlo?

Cuidado: cuando decimos «esperemos», nos arriesgamos muchas veces a ilusionarnos, porque no tenemos realmente nada en qué basarnos.

Antes de que salga una persona de mi consulta de psicoterapia, tras haber dicho «esperemos», le pregunto: «¿Por qué tendría que cambiar? ¿Por qué razón? ¿Por qué estás cansado de sufrir? ¿Por qué estás cansado de decir «mañana»? ¿Por qué hoy te sientes «como un león» y que eres capaz de conseguirlo? Y también, si fuese por uno o más de estos motivos, ¿qué instrumento nuevo podría permitirte esta vez obtener el éxito esperado?».

Decide qué instrumento vas a utilizar, o de lo contrario será pura ilusión. Pero, ¿qué instrumento? O mejor aún, ¿qué instrumentos? Programaciones, oportunidad, organizaciones, prioridades, constancia, conciencia, puntualidad... ¡Elige una!

TEMORES

Por sí mismos, los temores no son dañinos para la autoestima. Son útiles para alejarse de fuentes consideradas engañosas, ambiguas. Hubo épocas en que las personas temerosas eran consideradas dignas de especial estima, puesto que eran muy prudentes.

Sin embargo, ¡cuidado con los temores excesivos! Se podría tratar de angustia, es decir, de una situación generalizada de alarma, por cuya razón la persona está siempre en tensión, insatisfecha, sin saber muy bien a qué atribuir este estado. Es necesario tener claro el objeto específico («tengo miedo de...»), porque sólo así se pueden exterminar los miedos, si se desea; de hecho, si no existe (o no se puede determinar inmediatamente) la causa del miedo, no se pueden poner en marcha estrategias para hacerle frente.

Los temores, como los miedos, se adquieren. El hombre nace sin miedo. Un recién nacido podría jugar con una serpiente o con un ratón sin considerarlo ni un peligro ni otra cosa que un compañero de juego. ¿Cómo se aprende a tener miedo? Si a la presencia del animal se añade un estímulo desagradable, como un fuerte ruido, que asuste al niño, este comenzará a llorar y tan pronto como vea nuevamente al animal (o incluso cualquier cosa que se lo recuerde) manifestará sin lugar a dudas señales de miedo.

Lo repetimos: los temores se adquieren, bien por la experiencia personal, bien por imitar a alguien al que queremos especialmente. Proponemos ahora otra sencilla prueba: comprobemos de quién hemos podido haber adquirido un determinado temor. Y, además, ¿cuándo sucedió? Obviamente, cuanto más nos acerquemos a la infancia, más difícil será reconocer ese temor, porque tal vez ha pasado a formar parte de nuestro equipaje personal, como si fuera natural. Por otra parte, también es probable que tengamos más dificultades para eliminarlo si lo hemos adquirido a una tierna edad.

VALORES Y CONVICCIONES

Se pueden considerar el motor del mundo desde el mismo momento en que todas las personas se valoran habitualmente teniendo como referencia estos parámetros. Las convicciones y los valores se aprenden —podría decirse— por grupos, ya que su asimilación es rápida. Dependen, naturalmente, de las personas que nos son cercanas, las más queridas, y es muy probable que las guardemos toda la vida sin grandes cambios. A menos que..., a menos que nos encontremos con una persona (o un grupo) que nos provoque una gran tensión («estresándonos» de manera positiva, no sólo negativamente) que nos induzca a un cambio, adecuando nuestras disposiciones, ideas y comportamientos a estos nuevos parámetros que se convierten en importantes en el plano emocional-afectivo.

Veamos un caso práctico: si mañana por la mañana me enamoro de una hermosa mujer que desvalija bancos, es muy probable que deje de escribir sobre cómo comportarse bien y me convierta también en un criminal. Contento, sin remordimientos, porque he aprendido valores diferentes y aceptado convicciones distintas; a partir de mañana encontraré perfectamente normal robar bancos. Para todo esto existe una explicación desde el punto de vista neuropsicológico (sin tener ahora en cuenta el aspecto religioso, ético o moral que —aunque muy presente— podría obligarnos a desistir). ¿De qué se trata?

El cerebro del hombre está dividido en dos hemisferios, derecho e izquierdo, que tienen funciones diferentes. En pocas palabras, en la parte izquierda se encuentra lo «racional» y en la parte derecha se halla lo «creativo», lo emocional.

Cuando quedo atrapado por la belleza de la asaltadora, es como si le diera un golpe a la parte derecha del cerebro, donde residen la creatividad, los sueños, la fantasía, las emociones, etc. No entra en funcionamiento el hemisferio izquierdo, donde operan las competencias lógicas y lingüísticas. En esta situación, por tanto, se ejerce una influencia sobre toda el área derecha que, «estresada» por la fuerte emoción, me conducirá a adquirir valores y convicciones (y, por consiguiente, comportamientos) sin pasarlos ni siquiera por el filtro de la parte izquierda, que podría reconducirme, tras una crítica, sobre mis propios pasos.

Así pues, cuidado: los valores y las convicciones tienen que ver con el aspecto emocional; si cambia, pueden variar, y mucho, mis comportamientos. ¡No es cierto que sean consecuencia de una operación lógica según la cual concluyo que es mejor así!

Reflexión: «Mis valores y convicciones, ¿de dónde proceden?».

JUICIOS

En psicoterapia he tenido muchas veces que ocuparme de algún señor adinerado que no salía con el perro a media mañana —como hubiera querido— porque tenía miedo del juicio de los vecinos: «A estas horas por la calle, ¿no tiene otra cosa que hacer?».

No había manera de hacerle cambiar de opinión. Pensaba que jamás podría superar este escollo.

A todos se nos ha acostumbrado, educado, condicionado a tener en cuenta el juicio de los demás: se trata de la «construcción» del Superyó y de todo el complejo de normas que nos hemos construido cuando teníamos siete u ocho años y que llevamos dentro como censura frente a nuestros propios comportamientos.

Hay juicios tan negativos que pueden originar un sentimiento de culpa; en cambio, se llega a ignorar otros por medio del alcohol o de alguna justificación (del tipo «todos hacen lo mismo»).

El miedo al propio juicio o al de los demás puede llevar a una persona a la inmovilidad, en el sentido de que se siente tan atada, oprimida, que ya no puede moverse. En ese momento se puede salir («Tengo miedo de ser considerado...»), ir a trabajar («La tienen tomada todos conmigo»), buscar relaciones («La otra vez observé que...») y vivir con dificultades.

También en este caso habrá que tener mucho juicio para juzgar... los juicios.

Si no logramos volver a equilibrar nuestro comportamiento, hasta el punto de no poder desarrollar nuestros cometidos y funciones con serenidad, será necesario recurrir a los servicios de un psicoterapeuta.

Intenta responder ahora a alguna de estas preguntas:

¿Cómo te valoras en el trabajo y en la vida?

¿Por qué?

¿Cómo es tu autoestima?

¿Por qué?

¿Te sientes seguro de ti mismo?

¿Cuándo?

¿Eres muy impaciente en el trabajo?

¿Por qué?

¿Tienes un alto poder de liderazgo?

¿Cómo y cuándo se refleja?

¿Tienes ganas de cambiar?

¿Qué?

¿Cuándo te propones empezar?

¿Cómo estás, en qué piensas cuando imaginas tu promoción y tu mejora?

¿Es cierto que el trabajo te deprime?

¿Hay alguna otra cosa que influya negativamente en tu autoestima?

¿Qué?

Normalmente, ¿qué te ayuda a aumentar tu autoestima?

TEST
MIDO MI AUTOESTIMA

Si intentamos contestar el test para conocernos y luego, tras observar los resultados, descubrimos que nos gustamos, porque el perfil que se desprende de él es justamente como imaginamos y queremos ser: ¡enhorabuena! Nuestra autoestima será buena y esto nos proporcionará una amplia sensación de bienestar psicológico. Si, por el contrario, el cuestionario no resulta satisfactorio, recuerda:

— evita hacer afirmaciones autocríticas del tipo: «Lo sabía, soy un desastre»;
— vuelve a examinar las frases e intenta entender si se refieren al juicio general que tienes de ti mismo o bien a algún aspecto específico de la autoestima.

Podría ser que el problema tenga que ver con ciertos ámbitos y algunos sectores específicos. Un problema de autoestima «global» conduce a sufrimientos «globales», es decir, generalizados, en todas las parcelas de la existencia, por lo que será útil consultar con un psicoterapeuta.

Recuerda que existe una autoestima global y otra específica.

Autoestima global

Merezco que se me estime

....

Sé que valgo

....

Sé que los demás me tienen en cuenta

....

Otros

....

Autoestima específica

Mi aspecto

....

Mi trabajo

....

Mis relaciones sociales

....

Mi inteligencia

....

Mi moralidad

....

Otros

....

	Casi siempre	A veces	Casi nunca
Soy una persona que sabe pasarlo bien, incluso sola			
Creo que he tenido buenos padres			
Tomo solo mis decisiones			
Soy una persona que logra implicar a las demás			
Tengo comportamientos prepotentes			
Creo que estoy demasiado gordo			
Considero que estoy haciendo el trabajo que quería hacer			
Me parece que mi sueldo es demasiado bajo			
Creo que mi sueldo no se corresponde con mi capacidad			
Estoy contento de haber cambiado varias veces de trabajo			
Me defiendo en el deporte			
Recurro a las mentiras para obtener buenos resultados			
Me gustaría ser más astuto			
Entablo amistad fácilmente			
Soy una persona agradable			
Creo que soy un elemento importante de mi familia			
Me gusto físicamente			
Tengo amigos que me aprecian			
Creo que tengo una bonita sonrisa			
Considero que poseo una buena cultura			
Soy una persona que está al día de los problemas actuales			

	Casi siempre	A veces	Casi nunca
Tengo una opinión personal sobre muchas cosas			
Me desagrada que la gente no piense como yo			
Soy una persona de palabra			
Me considero demasiado bajo/alto			
No estoy satisfecho de mí mismo			
Los otros son más atractivos que yo			
Creo que no soy fotogénico			
He pensado en cambiar mi aspecto físico			
Hay cosas que me gustaría hacer, pero creo que no soy capaz			
Cambio de forma de vestir si me critican			
Creo que tengo cosas interesantes que decir			
Creo que podría aprender un idioma extranjero			
Cuando me equivoco en algo, me vengo abajo con facilidad			
Me fío ciegamente de los demás			
Cuando soy desgraciado, creo que me lo merezco			
Cuando me miro en el espejo, me veo en forma			
Soy una persona que sabe enfrentarse a los problemas			
Soy una persona que sabe decir que no			
Cuando me critican siento que no valgo nada			
Soy una persona capaz de expresar sus propias ideas			

	Casi siempre	A veces	Casi nunca
Tengo una opinión personal acerca de muchas cosas			
Me gustan las responsabilidades			
Soy una persona de fiar			
Creo que soy una persona que vale			
Me gustaría detentar más poder en mi trabajo			
Tengo la impresión de que las personas me ignoran			
Me gustaría conocer gente nueva			
Soy una persona que se contradice			
Es mejor no decir lo que se piensa de verdad			
Creo que me visto de forma adecuada			
Creo que mis amigos me conocen bien			
Me siento a gusto incluso con gente nueva			
La opinión de los demás es fundamental para mí			
Soy una persona víctima de las circunstancias			
Con la gente soy siempre yo mismo			

VALORACIÓN DE LOS RESULTADOS

Las respuestas «casi nunca» y «a veces» indican que tienes dificultad para afirmar tu propia autoestima.

Una sugerencia: intenta preguntarte por qué y averiguar de qué o quién puedo depender.

Último recurso: si no encuentras dentro de ti las respuestas, entonces comienza a leer con calma este libro. Me encantará volver a acompañarte «a casa», es decir, dentro de ti.

TEST
¿ERES VÍCTIMA O VERDUGO?

Si tuvieras que dividir el género humano en dos categorías, los que sufren los errores y los que los cometen, ¿de qué parte estarías? ¿Cómo crees que eres? Encontrarás la solución gracias a las respuestas que des a las siguientes preguntas.

1. Le dan un golpe en el coche, pero casi no hay daños. ¿Qué hace?
   a) Le hace pagar la reparación sin dar parte a la aseguradora.
   b) Comunica los daños a la aseguradora.
   c) Lo olvida.

2. Le acusan de un error en la oficina que no ha cometido. ¿Cómo reacciona?
   a) Acepta las culpas.
   b) Dice quién se ha equivocado realmente.
   c) Intenta explicar que no ha sido usted.

3. Se le considera testigo de un crimen y se le llama para declarar. ¿Qué hace ese día?
   a) No quiere tener problemas y dice que ha sido un error.
   b) Contesta con vaguedades.
   c) Cuenta todo lo que sabe.

4. Le proponen a usted y a un amigo suyo un negocio, pero él no está. ¿Qué hace?
   a) Se lo cuenta.
   b) Se lo dice, pero se queda un porcentaje mayor.
   c) Gestiona usted solo el negocio y deja de lado a su amigo.

5. En una ventanilla de la Administración, un empleado le niega un derecho suyo. ¿Qué hace?
   a) Lo denuncia a la prensa.
   b) Abandona.
   c) Denuncia el hecho ante la autoridad competente.

6. Captura al ladrón que le acaba de robar la cartera. ¿Qué hace?
   a) Llama a la policía, luego ya verá qué hace.
   b) Pone enseguida la denuncia.
   c) Lo deja marchar.

7. Imagine que ha sufrido una afrenta. ¿Cuál sería su reacción?
a) Deseos de venganza.
b) Rabia.
c) Abatimiento.

Cálculo de la puntuación y valoración de los resultados

A cada respuesta dada le corresponde un valor (a = 2; b = 1; c = 0); sume los distintos resultados y después —según la puntuación final— lea la explicación dada a continuación.

Preguntas	Respuestas		
	a	b	c
1			
2			
3			
4			
5			
6			
7			

Hasta 12 puntos:
En un mundo lleno de lobos, usted es un corderito. Sabe soportar en silencio lo que los demás le imponen en sus relaciones, para evitar así hacerse mala sangre.

De 13 a 17 puntos:
No está completamente seguro de sí mismo, con algunos hace concesiones, pero también alcanza relaciones de igualdad. No es de los que, con tal de alcanzar sus metas, pisan «la cabeza de la gente».

De 18 a 21 puntos:
«Mors tua, vita mea» es su lema. Como una apisonadora, elimina cualquier obstáculo y no se preocupa de las consecuencias que se deriven de ese comportamiento.

A propósito del estrés

Por lo general, entendemos por estrés una tensión excesiva, agotamiento, desgaste. En un sentido más amplio, tiene que ver con algo o alguien indeseable. En lo tocante a la investigación científica, se ha demostrado que el estrés está muy difundido y que es necesario en la vida: sólo pasa a ser peligroso cuando supera un determinado nivel.

Hoy el estrés se define como una reacción no específica mostrada por el organismo cuando tiene que afrontar una exigencia o adaptarse a una novedad; todos, en mayor o menor medida, hemos pasado por esa experiencia.

¿Qué le sucede a nuestro organismo cuando está supeditado al estrés o a agentes estresantes? En las reacciones de estrés se pueden apreciar siempre ciertos cambios bioquímicos que consisten en un aumento en la producción de corticoides por parte de la corteza suprarrenal. Dichas hormonas entran en circulación en el organismo y representan su defensa natural; recomponen el cuerpo para poder afrontar nuevos acontecimientos.

Aparte de estas breves consideraciones, habría que tener en cuenta muchas otras en el plano de la respuesta física y psíquica al estrés; sin embargo, aquí nos detendremos solamente en el componente psicológico de este mecanismo.

¿Cuánto influye sobre la respuesta (estrés) el significado que la persona concede al estímulo (causa)? Muchísimo. Cuando una persona considera estresante un aspecto del ambiente en donde vive, es muy probable que, cada vez que entre en contacto con él, no se haga esperar la respuesta, como una alarma. En la práctica, nuestra persona interpreta como negativo un estímulo que por sí mismo debería ser neutro.

¿A qué se puede deber esta asociación en la interpretación? En primer lugar, a la tensión con la que se afronta esa realidad determinada, tensión que depende principalmente de las características de la persona (nerviosa, tranquila), de las condiciones económicas (acomodada, pobre), del hecho de poder contar en mayor o menor medida con una realidad emocional y afectiva positiva, así como de otros factores básicos, como el grado de autoestima.

Imaginar la ausencia total de estrés es imaginar la muerte: de hecho, desde que existe, el hombre ha sentido la necesidad de transformarse constantemente con respecto al mundo de las cosas y dentro de sí mismo. Tan sólo estos cambios han permitido a la especie humana sobrevivir a las variables condiciones ambientales (en un amplio sentido).

El hecho de que la autoestima vacile en algunas situaciones no se cuestiona: un comportamiento de este tipo conduciría a la persona a la enfermedad, la renuncia, la negatividad, la depresión.

Cuando, debido a los elementos estresantes, la autoestima sufre frecuentes altibajos, es necesario detenerse y preguntarse: «¿Por qué estoy así de mal?»; «¿Por qué me he estresado?». Es adecuado plantearse estas preguntas antes de que el estrés provoque una situación de angustia continua.

Es conveniente hablar con un experto cuando no se es capaz de comprender de dónde derivan las sensaciones de malestar o en qué momento de nuestra vida el estrés tiende a extenderse.

Para ayudarte a definir mejor estos aspectos, a continuación encontrarás una serie de respuestas que las personas suelen dar en situaciones especiales. Intenta responder con tranquilidad.

¿Cuáles son tus respuestas a los factores estresantes?

A veces no reconocemos las causas de nuestra intranquilidad y las llamamos simplemente «estrés». Deberá ser otra nuestra actitud al considerar las consecuencias de dicho estrés. En ocasiones no nos damos cuenta de cuáles y cuántas son las respuestas personales que damos. A continuación presentamos una lista que, aunque incompleta, puede suponer, no obstante, un punto de partida.

— Bebo mucho alcohol.
— Tengo una relación de pareja conflictiva.
— Manifiesto una agresividad «trasladada», por ejemplo, hacia mis hijos.
— Me siento apático.
— Me gustaría abandonar todo y a todos.
— Me siento mal frente a todo y todos.
— Estoy convencido de que no sabré afrontar la situación de una forma adecuada.
— Estoy en un estado de irritación continua.
— Tengo cambios de humor imprevisibles.
— Me resulta imposible tomar decisiones.
— Tengo una actividad febril, aunque no tenga ningún objeto.
— Soy incapaz de concentrarme, ni siquiera por poco tiempo.
— Estoy ausente.
— Estoy deprimido desde hace mucho tiempo.
— Tengo dolor de cabeza por las tensiones.
— Me siento agotado.
— Estoy frustrado por la falta de éxito.
— Me cierro en las relaciones con quien posee responsabilidades (conmigo o por encima de mí).
— Estoy enfadado a menudo.
— Estoy inquieto.
— Me cuesta dormirme, no duermo bien, me despierto temprano.
— Pierdo peso.

— Tengo la clara sensación de estar aislado.
— Me acompaña el miedo durante todo el día.
— Tengo sentimientos de culpa, incluso por estupideces.
— Soy un glotón.
— Tengo problemas de piel (dermatitis).
— Fumo mucho.
— Si me critican, pierdo los nervios.
— Otros: ....
....
....
....
....

Reflexionar sobre la vida diaria

En los capítulos siguientes se van a indicar algunos modos de afrontar las condiciones de estrés impuestas por el vivir diario. Sin embargo, antes de seguir adelante, podría ser de utilidad detenernos a reflexionar precisamente sobre algunos aspectos de este «vivir cotidiano». Si bien es cierto que gran parte del ritmo viene impuesto por los «otros», no lo es menos que en algunas actividades cada uno de nosotros tiene la posibilidad de determinar las condiciones según su propia perspectiva.

Y esta primera consideración nos conduce de nuevo al campo de la autoestima, es decir, de la idea sobre uno mismo en relación con las diferentes situaciones que vivimos cotidianamente.

Detengámonos un instante a pensar en todas las actividades o condiciones en las que nosotros dirigimos el juego, dictamos las leyes, para nosotros mismos pero también para alguien más o para las cosas que nos rodean (por ejemplo, conducir el coche, cultivar flores en invernadero, etc.).

El decálogo contra el estrés

Es evidente, por tanto, la necesidad de proporcionar reglas claras para limitar el estrés antes de que alcance niveles preocupantes que inevitablemente desembocarían en enfermedad.

1. En estas situaciones decido yo cómo y cuándo.

2. Aprendo a decir que no. A mí mismo (cuando descubro que me cuesta, que me estoy pidiendo demasiado, que estoy cansado). A los demás (cuando no se detienen en lo que se había dicho o pactado y continúan preten-

diendo; cuando de una relación no consigo nada más, es más, para mí significa una pérdida de la estima, infelicidad, etc.).

3. No sigo siempre el mismo camino. «Esta vez voy a intentar ir al trabajo con este otro medio de transporte, por este otro lado»: nuestro cerebro lo agradecerá. La novedad lo pone en movimiento, lo hace de nuevo eficiente, los datos recientes se colocan al lado de los viejos y dan origen a algo nuevo con lo que contar.

4. Encuentro un momento durante el día para estar bien conmigo mismo, siendo consciente de ello. «Ahora voy a hacer algo por mí, hace tanto que quería hacerlo», «Podría parar un rato y...». Ser conscientes, darnos cuenta de que aquello que vamos a hacer tiene un determinado valor para nosotros, aumenta el beneficio que se puede extraer y determina condiciones positivas para nosotros, a la hora de retomar el día a día. Muchas personas esperan al fin de semana o las vacaciones o festivos para concederse un poco de tiempo, pero, de este modo, someten al cuerpo y a la mente a un estrés que se suprimirá con dificultad por momentos de calma, que a su vez corren el riesgo de alcanzarse demasiado tarde. Mejor gozar de algún momento breve pero diario que esperar uno más largo, pero más lejano en el tiempo.

5. Pido ayuda, dejo que me ayuden, delego en alguien esta competencia y, con el tiempo y las energías ahorradas (ganadas), decido hacer o no hacer determinada cosa. También el aliento se debe percibir con claridad en nuestra mente para no continuar con la habitual cantinela «Siempre me toca a mí...», «Si no estuviera yo...», «No me puedo conceder nunca un momento...», etc.

6. Pienso en mi bienestar mental y espiritual. Algunas partes de este libro (página 128 y siguientes) están dedicadas por completo a los aspectos que pueden contribuir a elevar la autoestima realmente, mediante el acercamiento a dimensiones «superiores» del ser humano. Todo el mundo, creyente o no, se puede beneficiar de un momento de reflexión, libre de las ataduras del cuerpo.

7. Considero de forma «dinámica» lo que soy y hago. El estrés se manifiesta cuando no logramos alcanzar el modelo que teníamos en mente en ese momento. Sería útil una visión del mundo y de nosotros mismos avanzando, con pocas posibilidades de vuelta atrás. Todo es posible, podemos volver a intentarlo, podemos renovarnos, analizar nuestras posibilidades y volver a empezar. Si supiéramos «reciclar» no sólo el plástico o el cristal, sino también a nosotros mismos, sin suprimirnos cuando nos parece que ya no servimos o no estamos a la altura, le haríamos un gran favor a nuestra salud.

8. Realizo elecciones proporcionales a como me siento. No importa si el año pasado, por Navidad, organicé una comida perfecta, preparé un regalo para cada uno, etc.; si este año no me siento tan bien, reduzco la celebración a un par de invitados que me harán sentir bien y no me exigirá mucho de mí mismo...

9. Tengo una agenda con las cosas que he de hacer por orden de importancia: esto se ha de hacer urgentemente, eso puede esperar. Esta es una manera «inteligente» de librarse del estrés que frecuentemente está determinado por la sensación de no lograrlo, de no tener tiempo suficiente para satisfacer a todos, de no poder llegar hasta el final con las tareas emprendidas. Y, naturalmente, cada vez que he llegado hasta el final con algo, me permito la satisfacción de cruzar una línea sobre ese objetivo y de gozar un momento del resultado.

10. Aprendo a decir: «¡Adelante con lo siguiente!». ¿Por qué hemos de permanecer vinculados a una experiencia con su punto final desde hace años (ya la hemos apurado) que nos impide mayores vuelos? Tenemos derecho a estar mal cuando nos sucede algo malo, pero no se puede seguir estando siempre mal. Concedámonos un periodo de «luto» y basta. Aprender a decir «lo siguiente» significa acoger la vida que está dentro y fuera de nosotros, dejando de alzar murallas alrededor de nuestra persona porque «estamos muy mal». Usemos bien los verbos y digamos: «¡Qué mal estuve!», «¡Adelante con lo siguiente! y todo lo que viene después». ¡Adelante y hoy! ¿Durante cuánto tiempo he retrasado un determinado viaje, una llamada de teléfono, un trabajo? Tanto si se trata de afrontar algo positivo como negativo, ¡basta de aplazarlo! Es el momento oportuno para hacerlo hoy. Las excusas para retrasarlo de nuevo no faltan. Decido que yo decido hoy. «Adelante con lo siguiente» y «Dejo ya de echarle la culpa a los demás de todo, de mi malestar, de la depresión, de la insatisfacción». Si es culpa de alguien, ¡entonces digámoslo! Si es culpa nuestra, admitámoslo (al menos en nuestro interior) y alejémonos de esa postura mental.

Dejarse las cosas claras

Cómo quisiera ser

Una de las primeras personas que nos encontramos por la mañana somos no-sotros mismos, reflejados en el espejo del baño. La imagen que vemos puede ser de nuestro agrado o puede que no y por eso la «arreglamos» para nosotros mismos y para los que podamos encontrar a lo largo del día.

¡Bien! ¿Cómo será nuestro día? Dependerá mucho de la actitud con la que salgamos por la puerta de casa y esto, a su vez, estará condicionado por el vistazo, a veces con prisas, que hemos echado al espejo. Si nos ha supuesto un placer volver a ver nuestra imagen —cómo nos vemos—, es probable que nuestra jornada sea buena. En ese caso nos sentiremos preparados, equipa-dos para afrontar las rutinas y los imprevistos, que no faltan nunca.

Por el contrario, puede suceder que nuestro aspecto, lo que hemos visto, nos haya dejado algo descontentos, un poco deprimidos: entonces comenza-remos a darle vueltas en el coche, en el autobús, en la bicicleta, al ir al traba-jo, o bien en casa, mientras nos preparamos para las tareas cotidianas. Se va así al encuentro de una jornada pesada, en la que nuestra imagen (que consi-deramos insatisfactoria) influye en nuestra seguridad, en la consideración que tenemos de nosotros mismos, de nuestras capacidades y habilidades.

La verdad es que siempre existe una distancia entre cómo quisiera ser uno y cómo es: física, psíquica, social y económicamente, entre otros aspectos.

Físicamente

Tanto a los hombres como a las mujeres —pues la igualdad en este campo se ha alcanzado por completo— les gustaría ser diferentes. La publicidad nos ofrece modelos con los que compararnos e insinúa una sutil inquietud en nuestra mente: «No eres como..., no tienes como..., por tanto, las cosas no te van bien».

Naturalmente, somos nuestro cuerpo. Lo «habitamos» y lo que nosotros vemos y tocamos es también lo que los demás ven y tocan: tenemos justamente este cuerpo y no otro. Pero, ¡el *otro cuerpo* es mejor! Dice el refrán: «La hierba del vecino es siempre más verde». En este punto entran en juego los conceptos estéticos de «hermoso» y «feo», y... no hay término medio. Junto al juicio estético se coloca automáticamente, en nuestro pensamiento, el concepto de «valor». «Hermoso» pasa a ser igual a «digno de respeto», a algo que vale, y «feo», naturalmente, a lo contrario. La imagen del espejo, tal y como la vemos, va más allá del aspecto físico, provoca juicios de valor y, por tanto, de estima por uno mismo, de autoestima unida también a lo que creemos que los demás piensan de nosotros.

Psíquicamente

Todos consideramos a menudo que somos «demasiado» o «demasiado poco». Demasiado emotivos, demasiado sensibles, demasiado buenos, demasiado educados, demasiado complicados, demasiado influenciables, etc. Pero también lo contrario: demasiado poco convincentes, demasiado poco decididos, demasiado poco capaces de hacerse respetar, de decir lo que se piensa, de decir no, de hacerse valer, etc.

El demasiado y el demasiado poco se convierten en las medidas constantes de nuestro modo de ser, las diferencias, las distancias con lo que queremos ser. «No soy una persona equilibrada —pensamos—, ¿cómo puedo gustarme?». Lo que sucede es que la imagen que tenemos de nosotros mismos se forma con nuestras convicciones, con lo que pensamos de nosotros. Y por eso, convencidos de no ser como tendríamos que ser, nos sentimos inadecuados.

Social y económicamente

Cada uno de nosotros ostenta numerosos roles sociales: es madre, padre, hijo, marido, etc., aunque sea provisionalmente. Se puede, por ejemplo, ser hijo respecto a los propios padres y ser, a la vez, padre de los propios hijos.

También en este caso existe el peligro de querer ser diferente de lo que se es. Querríamos ser hijos más afectuosos o más independientes, padres más severos o menos aprensivos, por ejemplo. Querríamos ser diferentes en familia, con los amigos, en el trabajo. «Si fuera capaz de... si tuviera más...». Todos podríamos completar estas frases con ejemplos personales. Los demás parecen saber comportarse mejor que nosotros, estar siempre en su lugar, gozar de la vida. La mejora de la propia condición económica se corresponde a menudo con una elevación en la escala social, que parece prometer satisfacciones, menos preocupaciones, sentirnos requeridos, ser buena gente, etc. Todas son asociaciones muy discutibles, que carecen de constatación, pero de todas formas alentadoras. Así pues, las diferencias que cada uno muestra en los diversos ámbitos entre la imagen de cómo quisiera ser y cómo se ve, se suman creando una enorme distancia entre el llamado «Ser ideal» y el «Ser percibido». Una distancia considerable que va a minar ese dispositivo interno que se llama autoestima y a influir así de forma negativa sobre la visión correcta que cada persona ha de tener de sí misma. Atención: una visión correcta no significa considerarse una persona perfecta; en pocas palabras, significa reconocerse más allá de las propias capacidades y defectos, sin que estos nos lleven a ignorar también las cosas que sabemos hacer.

Existen algunas cuestiones importantes por verificar en lo tocante a tus convicciones: ¿quieres intentar ahora responder a estas preguntas?

DIÁLOGO VIRTUAL: ¿CUÁLES SON TUS CRITERIOS?

¿Qué estás intentando conseguir realmente?
....

¿Qué es tan importante?
....

¿Qué piensas de los otros valores? ¿Te sientes como si estuvieras en un túnel o en una calle al aire libre cuando piensas en la calidad de tu vida?
....

¿Tratas de dar lo mejor de ti mismo a tu jefe? ¿A tu padre? ¿A tu madre? ¿A tu mujer?
....

¿Qué quiere decir estimarse?

Muchos orfebres cogen antiguos objetos de oro, los colocan sobre una balanza, los pesan, los valoran y después dicen lo que cuestan. Por supuesto, esta valoración se realiza según un parámetro preciso, por ejemplo, el precio del oro en el mercado. Estimar y conceder un valor son, por tanto, sinónimos. Una persona realiza la misma operación cuando reflexiona sobre la opinión que tiene de sí misma. Si se concede un valor, quiere decir que se estima, se aprecia, tiene un buen concepto de ella: en definitiva, tiene un grado de autoestima alto.

Tener un concepto positivo de uno mismo significa, ya hemos dicho, concederse un valor, gustarse; podríamos decir incluso que significa «amarse». Pero ¿qué hay que hacer para amarse? Si pensamos un poco en ello, nos daremos cuenta de que amamos, de forma natural, las cosas que conocemos. ¡Es difícil amar algo o a alguien que no se conoce! De ahí que el primer paso para quererse sea aprender a conocerse. Aprendemos a conocernos al relacionarnos con los demás: «Me parezco a», «Soy distinto a», «Me reconozco en». Estas ideas formarán nuestras opiniones sobre nosotros mismos; a las que se añaden, además, todo lo que los demás dicen de nosotros, sea positivo o negativo. La persona que tiene una buena consideración de sí misma se siente también segura en su interior; lo que los demás dicen de ella puede encontrar confirmación o no, pero siempre dentro de la propia persona. Es obvio que, si se tiene una buena relación con uno mismo, se es capaz de recibir una felicitación cualquiera sin quitarle valor («No, no merezco tanto»), pero se puede recibir también una crítica sin sentirse menospreciado o rechazado. La estima reside en primer lugar dentro de nosotros, en nuestros recursos como seres humanos con capacidad, defectos, posibilidades y deseos de mejorar.

Hemos dicho mejorar, no ser perfectos. A diferencia de una piedra preciosa, a la que se atribuye un valor más alto si no tiene imperfecciones, nosotros nos querremos y seremos más queridos si aceptamos el hecho de ser personas y, en consecuencia, poseedores de ciertos límites.

Es importante ser consciente de lo que somos, pero es necesario evitar autodefinirnos, porque corremos el riesgo de permanecer presos en un cliché, una imagen, un papel, en una definición reducida que nos impedirá cambiar las cosas que nos hacen sentir mal.

Atribuirse el justo valor, estimarse, quiere decir hacerse cargo tanto de los puntos fuertes como de las debilidades. ¿Por qué? Por una razón muy simple: tener un buen concepto de nosotros mismos permite encontrar a cada instante nuestra mejor imagen, la que nos permite reconocer nuestras virtudes, nuestros defectos, nuestros errores, y nos permite utilizarlos eficazmente.

Un paso importante dentro del proceso de maduración de la autoestima es la capacidad de lidiar con los sentimientos de culpa y vergüenza.

Se sabe que el sentimiento de culpa deriva de algo que hemos dicho, hecho o bien dejado de decir o hacer: una falta de armonía, algo que —después— nos hará daño.

El sentimiento de vergüenza lo experimentamos, sin embargo, cada vez que nos damos cuenta de cómo somos en realidad con respecto a ciertos parámetros de aceptación o perfección que tenemos en mente.

Estas dos experiencias psicológicas serán útiles para el individuo en el mismo momento en que sepa servirse de ellas para mejorar; de forma excesiva se convierten, por el contrario, en paralizadoras e influyen negativamente sobre la autoestima.

Si nos damos el «permiso» de equivocarnos, aprendiendo a pedir perdón, sin por eso sentirnos indignos (es decir, carentes de valor), viviremos relaciones y situaciones en donde nuestra autoestima no sólo permanecerá intacta, sino que incluso aumentará.

El vocabulario de la estima

Se ha hablado en las páginas precedentes del «Ser ideal» (cómo me gustaría ser) y del «Ser percibido» (cómo me percibo); es evidente que para poseer una buena dosis de autoestima la separación entre los dos términos, si bien debe existir, ha de tener proporciones aceptables; de lo contrario, se corre el riesgo de provocar el efecto contrario. ¿Qué hay que hacer? En primer lugar, reducir el Ser ideal, disminuyendo así las pretensiones y ampliando el propio Ser percibido, como, por ejemplo, evitando ser hipercríticos con las propias cualidades.

Ya hemos visto como la estima o, mejor dicho, la autoestima tiene que ver con un sentimiento positivo de uno mismo; esto se va construyendo con el tiempo a través de palabras clave que hacemos nuestras, que se convierten en el parámetro con respecto a nuestro Ser y a nuestras relaciones con los demás. Entre las numerosas palabras clave capaces de aportar energía y conciencia a nuestra autoestima te propongo las siguientes. ¿Por qué no intentas cuantificar tu esfuerzo para contribuir a la construcción de una autoestima mejor? ¡Ánimo!

Fiabilidad	«Fiarse», «confiarse» provienen del adjetivo latino *fidus,* que significa «fiel». Soy una persona fiable al... %.
Responsabilidad	Ser responsable significa responder sobre alguna cosa. Asumir responsabilidades es señal de madurez. Soy una persona responsable al... %.
Adaptación	Una persona adaptable es una persona en sintonía con las exigencias presentes, que sabe adecuarse a las circunstancias. Tiene que ver también con los conceptos de elasticidad y flexibilidad. Soy una persona que sabe adaptarse al... %.
Comunicación	Una buena comunicación consiste en primer lugar en expresar con claridad las necesidades propias (y esto refuerza la propia autoestima) y así entablar una relación con los demás, en transmitir pensamientos, deseos, en acoger, en dejarse acoger, en escuchar y ser escuchados. Mi capacidad comunicativa es eficaz al... %.

Organización	Saber lo que se quiere hacer (marcarse objetivos) es predisponer, programar con márgenes de tiempo las variaciones que permiten alcanzar el resultado final. Organizarse bien aumenta las posibilidades de éxito en cualquier ámbito. Soy una persona que sabe organizarse al... %.
Éxito	Lo contrario al éxito es el fracaso. Al éxito muy grande se le llama triunfo y... no dura eternamente. Los pequeños éxitos cotidianos aumentan siempre el propio grado de autoestima. Soy una persona con éxito al... %.
Puntualidad	Ser puntual no significa sólo llegar a la hora convenida, también quiere decir ser una persona de palabra (fiable, responsable), pero, principalmente, sentir respeto por quien está esperando. Es una buena forma de que los demás nos quieran y, así, poder aumentar nuestra autoestima. Soy puntual al... %.
Amabilidad -cordialidad	Ser amable, cordial, capaz de relacionarse con los demás con gentileza, sin agresividad, aumenta las probabilidades de conocer nueva gente y de mantener las amistades. Reforzar las propias habilidades sociales aumenta la seguridad en uno mismo y, por tanto, también la propia autoestima. En las relaciones con los demás soy una persona cordial al ... %.
Extraversión	Tener una predisposición hacia los demás no quiere decir contar todo sobre uno mismo, sino dar el primer paso a la hora de entablar relaciones, convencidos de que cada persona tiene algo que decir que puede interesar a los otros. Si logro que los demás se interesen por mí, significa que valgo algo y, así, mi autoestima aumenta. Soy una persona extravertida al... %.
Habilidad	Siempre hay alguien que es capaz de hacer de actor, médico, fontanero, maestro, sastre, ferroviario, entre otros. Estas personas cumplen con su trabajo según su capacidad profesional. Pero existen otras habilidades que, si

bien no están directamente relacionadas con el mundo del trabajo, son importantes: hacer sonreír, dar consejos, ser útil, ayudar a los demás, dibujar, cantar, inventar, etc. Conocer y apreciar nuestras habilidades, profesionales o no, supone una buena contribución a nuestra autoestima. Soy una persona que sabe reconocer sus propias habilidades al... %.

Determinación Ser una persona con determinación quiere decir saber comunicar con decisión y convicción las opiniones propias, estar seguro de uno mismo sin señales de inferioridad, ni agresividad que pueda ofender. Significa, en definitiva, poseer cualidades que derivan de un buen grado de autoestima.
Soy capaz de tener un comportamiento decidido al... %.

Aprobación La aprobación puede provenir de nosotros mismos o de los demás. Alegrarnos («¡Enhorabuena, has estado genial!») por el buen resultado conseguido, por llegar a una idea, por responder algo, sirve para aumentar nuestra autoestima. También saber recibir las aprobaciones de los demás es importante: aceptar una felicitación (sincera) sin burlarse, sino diciendo sólo «gracias» es una aportación a la autoestima que hay que conservar.
Como persona me apruebo al... %.

Elección Ser capaz de elegir significa tener un marco de referencia que nos permita preferir y, por tanto, anteponer una cosa a otra (del latín *praeferre*). Podemos elegir lo mejor para nosotros según nuestra escala de valores. Lo mejor para nosotros tiene que ver con nuestro bienestar, con estar bien con nosotros mismos.
Sé elegir para estar bien conmigo mismo al... %.

La autoestima en diferentes ámbitos

Todas las personas que se quieren sólo en parte, aunque tengan una buena idea de sí mismas en lo que concierne, por ejemplo, al trabajo o las habilidades domésticas, o la capacidad de organizar el trabajo de otras personas, etc., tendrán que poner una especial atención a la hora de buscar su equilibrio.

Es probable que, al preguntar a estas personas sobre aquellos aspectos de los que se sienten seguras, manifiesten reserva, turbación, desconfianza, renunciando enseguida a experimentarse, a compararse, diciendo: «No soy capaz», «Ya lo he intentado», «No, no tengo ganas de ver cómo puede acabar».

Evidentemente con estas actitudes se provocan graves daños, derivados de la inhibición de su propios potenciales, de no expresar sus propios deseos, del abandono, aunque sólo se trate de proyectos, de tantos objetivos posibles.

Otro riesgo presente al convencerse de que sólo se es válido en un campo y no en el resto puede ser este: fijarse en un aspecto de la propia existencia, apuntando hacia él, invirtiendo energías, no viendo otra cosa para uno mismo y para quien está cerca.

Esto supone una grave pérdida, no sólo para esa persona, sino también para los que viven a su lado, como pueden ser los familiares o los colegas, que a menudo tendrán que remangarse y comenzar a trabajar para recoger los «deshechos» de la persona que piensa, tal vez, no ser adecuada o no estar a la altura de una tarea.

¿Qué puede hacer una persona que se siente capaz sólo de resolver un cierto tipo de tareas?

• Pensar en los límites que nos autoimponemos debido a las propias convicciones.

• Describir los daños que dirige directa o indirectamente hacia ella misma o hacia quien esté cerca por el hecho de sostener «Estoy hecho sólo para un cierto tipo de trabajos», por ejemplo, los manuales más que los intelectuales.

• Tratar de adivinar de quién ha tomado esa actitud de autoestima frente a ciertos trabajos y de falta de autoestima en otros. ¿Se trata, en cambio, de una actitud del todo natural, casi una predisposición innata hacia una actividad más que hacia otra? De hecho existen personas dotadas naturalmente con un gran talento en ciertos ámbitos y auténticos «desastres» en todo el resto.

• Si el equilibrio de una persona adulta funciona correctamente, no hay por qué cambiarlo, a no ser que se plantee como un desafío con uno mismo o con los demás.

Si, por el contrario, se trata de un niño o de un muchacho que no ha alcanzado todavía la madurez, sería conveniente que probara a mejorar también en el aspecto donde él considere no ser adecuado. ¿Con qué procedimientos se puede acometer una tarea de este tipo? Teniendo en cuenta, por ejemplo, las técnicas del *problem solving* que pasamos a relacionar a continuación (véase el recuadro de la página siguiente).

EL *PROBLEM SOLVING*

Por *problem solving* se entiende la estrategia aplicada a la hora de afrontar problemas de diversa índole (interpersonales, de aprendizaje, existenciales, emocionales, afectivos, etc.). Es indispensable contar con ciertas habilidades para afrontar y resolver adecuadamente una cuestión.

En primer lugar, y relacionado con el problema que se pretende superar, es útil plantearse soluciones alternativas o bien pensar en más de una solución. Atención: desde pequeños se nos ha acostumbrado a considerar los pros y los contras de una determinada situación. ¿Voy a conseguir algún beneficio o saldré malparado? Pero al hacer esto se eliminan muchas posibilidades de modificación, mejora y crecimiento que, en cambio, podrían encontrarse al considerar algún aspecto interesante. No es todavía positivo, productivo, pero podría llegar a serlo. Un aspecto interesante podría incluso poner de acuerdo a quien estaba en contra con quien estaba a favor de una cierta solución.

Así pues, al aplicar el *problem solving*, se desarrolla la capacidad de pensar en lo que podría suceder después, de modo que se necesita poseer una mente deductiva.

Después de aplicar a un problema una cierta modalidad de solución, ¿qué sucederá? El ejemplo clásico es el del jugador de ajedrez que, antes de mover, debe considerar siempre los posibles contraataques del adversario.

En el *problem solving*, además, se incluye también otra capacidad: pensar/planificar con cuidado un medio para alcanzar una determinada meta. En eso tienen ventaja las personas con buena intuición para prevenir o esquivar los posibles obstáculos, gracias a su habilidad para prever caminos alternativos. Por último, para quien no siente estima por sí mismo en ciertos aspectos, el *problem solving* es útil, porque nos hace conscientes: las metas no se alcanzan siempre inmediatamente.

En resumen, el planteamiento para que un procedimiento acabe siendo útil podría ser:

— Reconocer que hay un problema («No me valoro en este campo»).
— Pararse a pensar o bien establecer en qué consiste el problema.
— Decidir qué objetivo, entre los muchos posibles, se va a perseguir.
— Considerar las diferentes soluciones posibles.
— Pensar en las consecuencias que puede traer consigo cada solución.
— Hacer una elección.
— Predisponer un programa para poner en marcha la solución.

Sin embargo, hay que añadir que —incluso tras haber intentado mejorar con el *problem solving* en las áreas menos «simpáticas» para nosotros— es probable que el sentimiento de no ser válido persista y que se deba recurrir a la ayuda de alguien para superar ciertos obstáculos. Es posible, sin embargo, extraer datos útiles para nuestro modo de afrontar las situaciones difíciles o en las que nos sentimos más seguros de la experiencia y los intentos llevados a cabo. Además, admitir que se tienen límites y no pretender ser idóneos siempre y a toda costa en cualquier situación, forma parte de una persona equilibrada. Esto requiere, a su vez, madurar algunos aspectos de la personalidad:

— saber pedir ayuda;
— saber esperar;
— ser humilde en la consideración de uno mismo (lo que no significa despreciarse o no quererse).

Se trata, como es evidente, de procesos que duran toda la vida.

Altibajos en la autoestima

Para aquellos que, en general, tienen autoestima, pero que sufren de vez en cuando bruscas caídas de ánimo, presentamos algunas consideraciones.

A veces sucede que una persona acostumbrada a resolver sus problemas con habilidad y, por tanto, con éxito desvía mucha energía hacia la idea de sí misma, precisamente por esos resultados positivos. Esa misma persona, frente a algo poco conocido o sobre lo que se le pone en guardia («Es difícil», «No lo conseguirás»), probablemente se angustie por hallar la solución, en el sentido de que buscará a cualquier precio una respuesta válida (éxito) a lo que tiene delante. ¿Qué sucede? Esa persona permanece presa de sus principios de búsqueda y no logra ver más allá de su propio razonamiento. Igual que sucede ante un problema de matemáticas que no logramos resolver. No conviene obstinarse; es mejor, en su lugar, «consultarlo con la almohada», es decir, distraerse y liberar la mente. De esta liberación se desprenderán nuevas asociaciones, hipótesis, principios de soluciones.

También es posible que una persona sufra una crisis siempre por los mismos motivos. Sería conveniente que cada uno de nosotros fuera perfectamente capaz de reconocer sus puntos críticos. ¿Se trata de dificultades que vienen de dentro? ¿Y, por tanto, somos nosotros mismos los que nos «hacemos daño»? ¿Son los demás quienes, con su desconfianza, nos hacen dudar y ofrecer en consecuencia respuestas por lo general poco satisfactorias? ¿Qué hacer? A continuación se detallan las consideraciones y los pasos relativos a tres casos-tipo:

— de aquellos que se ponen límites;
— de aquellos que culpan a los demás de su baja autoestima;
— de aquellos que se sienten inferiores sólo en presencia de los demás.

Primer caso: «Yo mismo me limito»

1. Si no tengo fuerzas —en mi interior—, será conveniente que busque a alguien que me las pueda infundir, porque tiene confianza en mí, es decir, cree en mí, en mis potencialidades.

2. Si quiero lograrlo, me organizo y divido en pequeños pasos la dificultad (grande-total).

3. Comienzo... por el primer paso, tras el cual no me detengo, sino que sigo adelante paso por paso.

4. Me complazco en haber dado un paso hacia delante, lo saboreo, me premio, lo he hecho bien.

5. Miro atrás y me digo: «He hecho ya 1, 2, 3 pasos», y así adquiero confianza en mis posibilidades.

6. Me estoy moviendo, ahora todo es más fácil. Lo más difícil ya está hecho: se trataba de ponerse en movimiento y lo he logrado.

7. Permito que me controlen desde fuera: «Mañana por la mañana, llámame a las siete, habré salido ya con el perro a correr». (No puedo quedar mal con mi amigo). Esto me ayudará cuando mi vagancia me empuje a no salir de debajo de las mantas.

8. Me preparo ya una pequeña o gran recompensa que «cobrar» en cuanto haya alcanzado todo el objetivo.

Segundo caso: «Los demás son los que provocan mis bajadas de ánimo»

¿Ignorar a los demás? ¡Es imposible! Siempre encontraremos a alguien que se molesta en colocarnos en una situación de desventaja. Sólo hay que preverlo y «fortalecer las espaldas». Una respuesta satisfactoria puede incluir contar a nuestra mente cómo están las cosas, según nosotros, sin recurrir a mentiras, porque no se aguantarían mucho tiempo. Nos daremos explicaciones en las que creamos:

• «Ese no tiene ni la más remota idea de lo que he sido capaz de hacer hasta ahora. Es verdad que no me gustan este tipo de situaciones, pero esta vez voy a intentar comportarme como si no tuviera importancia, alejándome de ella».

- «Todos tenemos lados débiles, incluso el que en este momento se muestra muy fuerte tiene sus miedos escondidos en alguna parte. ¡No permite que los note, pero están! Soy libre de dejárselos ver. Si existen, no me avergüenzo, o bien simulo que no pasa nada: veamos qué sucede».

- «Puedo dejar incluso que ese tipo tenga una pésima impresión de cómo soy, no me importa». Atención: ¡tiene que ser cierto que no nos importa! Ya hemos dicho que no se pueden contar mentiras a la mente.

Tercer caso: «Delante de determinadas personas me siento como un gusano»

En ocasiones nos encontramos frente a alguien que consideramos «superior». En tal circunstancia puede suceder que ensalcemos aspectos negativos que consideramos especialmente críticos. Valorarse así conlleva previsiones pesimistas, percepciones distorsionadas, falsas valoraciones, sensaciones de fuerte malestar con un deseo de fuga. El objetivo es intentar permanecer lo menos posible en esta situación de sufrimiento. ¿Cuáles son los posibles remedios con los que podemos contar?

Lo mejor sería no vernos ni siquiera inmersos en esta situación desagradable, mediante una actitud de «atención pasiva», como enseña el entrenamiento autógeno. En la práctica, es como si pudiéramos llegar a una actitud interior de calma y tranquilidad que una situación de angustia o estrés no pudiera alterar. ¿Cómo alcanzar semejante objetivo? Practicando esta atención/concentración (es decir, en situaciones de «solución normal» y, por tanto, en el curso de actividades normales de una jornada también normal).

Esta actitud está formada conjuntamente por componentes de tipo psíquico y físico. Las tensiones mentales y tónico-musculares se reducen para dejar lugar a un fluir tranquilo y pausado de pensamientos, y la actividad física (movimiento) se reduce al mínimo. Se puede practicar sentados en el sillón o tumbados en el sofá o sobre la cama, sin «alterarnos», ignorando —como sucede inconscientemente— las pequeñas fuentes de distracción, para llegar, seguidamente, tras algunas semanas de entrenamiento, a ignorar incluso las situaciones más molestas, como el sonido del timbre de la casa, el del teléfono, los pasos del vecino del piso de arriba. Se percibe todo pero sin dar origen a cambios internos de tipo psicológico, como la aceleración del ritmo cardiaco, de la respiración, etc.

Llegados a este punto se podrían incluir en una pantalla imaginaria o en un escenario los elementos tranquilizadores, relajantes, confortantes, origen en definitiva de bienestar. La eficacia de esta visualización dependerá mucho del entrenamiento llevado a cabo.

Cómo ayudar sin riesgos
a quien posee una baja autoestima

Las personas que ayudan a otras con baja autoestima pueden verse inmersas también en situaciones que les hagan daño, por sus propias convicciones o por dejarse «llevar de la mano» por el otro.

Es muy sencillo caer en este tipo de sufrimiento, del que es difícil darse cuenta, a menos que no se caiga en una crisis más o menos profunda que tenga que ver con uno mismo, el propio papel, las propias funciones. Es difícil apreciarlo porque las ventajas, los privilegios, la importancia, la afirmación, etc., parecen prevalecer sobre el cansancio, el esfuerzo, el sacrificio, la renuncia con la que se va a encontrar a la hora de ayudar.

Para servir de ayuda es necesario estar bien. A menudo la persona que ayuda no se percata de querer antes de nada ayudarse a sí misma: como resultado, lo que realiza se convierte casi en una obligación, como si no pudiera hacer menos. Y así marca su propia vida con el «debo», «no puedo permitirme no ir», «es del todo indispensable que yo», «mejor que yo no lo podría hacer nadie».

¿Cuál es entonces la ayuda correcta? La elegida libremente entre estas dos posibilidades:

— «Puedo ir»;
— «Puedo no ir».

Elijo ir. Esta elección tiene valor por proponerme, por ofrecerme, por intentar el bien del otro. Si, por el contrario, necesito sentirme de ayuda, porque así aumento mi autoestima, corro el riesgo de involucrarme en un mecanismo que tiene que ver con la dependencia, o al menos con la falta de libertad. Además, dicho supuesto difícilmente podrá conducir a la persona hacia su bienestar, hacia el equilibrio en su interior.

Comportamientos que hay que evitar

• Pensar que se es indispensable: «Si no estoy yo, no consigue hacer nada».

• Creer que se gozará de alguna «gracia» en el futuro por haber ayudado: «Estará agradecido, porque le estoy ayudando a madurar, a ser más seguro».

• Someterse en todo y por todo al otro: «¿Lo ves?, ya no puedo hacer nada, tengo que estar a su entera disposición. Ya no tengo tiempo para mí».

• No pensar más en el propio equilibrio y desarrollo: «Ya no importa lo que me pertenece, mi mundo, ahora lo importante es él».

- Tomárselo todo en serio. Permanecer atrapado en las explicaciones y los razonamientos del otro, que no suelen cambiar: «Eso es, ahora hará así y así, luego me dirá esto y aquello, y yo no puedo hacer nada».

El exceso de autoestima

Algunas personas pueden sufrir daños por sus actitudes consigo mismas, con los demás y, en general, con la realidad que les rodea. Veamos algunos comportamientos que se deben observar para reconocer si nos enfrentamos o no a un exceso de autoestima.

- Tendencia a infravalorar los obstáculos («No es nada, es poca cosa para mí»).

- Se niegan a pensar con talante crítico en sus propias habilidades y capacidades («No necesito la ayuda de nadie, puedo arreglármelas muy bien solo»).

- Uso indiscriminado y continuo del pronombre «yo» («Yo sé qué hacer», «Cuando yo me decido, nunca doy marcha atrás»).

- Responder a cualquier iniciativa con reacciones imprevistas, absolutas, «de cabeza» («Vamos a empezar, ¡y luego ya veremos! Me pongo con ello, ahora mismo, he entendido todo»).

- No considerar la opinión de los demás («¡Siempre igual de miedosa! ¿Quién ha dicho que no lo conseguirías?»).

- Deseo continuo de revancha, de venganza, de «mostrar los dientes» por cualquier cosa («¡Ya verán!», «¡Si no te los comes tú primero, se te comen ellos!»).

- Incapacidad o no disponibilidad para reconocer los propios defectos o errores («No es cierto que tuviera miedo. No fue nada. Se equivocó él»).

- Considerarse siempre y sea como sea, en todas las ocasiones, portador de la verdad absoluta y de principios irrefutables («Mi padre decía: no te pares nunca, sigue siempre con la cabeza baja. Y eso hay que hacer»).

- Basarse sólo en la propia experiencia personal y convertirla en ejemplo para todos («¡Ya he dicho que se debía hacer de esa manera!», «Yo ya lo he hecho», «Yo lo sé»).

- Querer a cualquier precio que aparezca, en situaciones diversas, el único aspecto positivo en el que se sobresale. Si no se consigue, ¡no se continúa! («Insisto, yo en estas situaciones me comporto así y así. E incluso si todo va en mi contra, sé que se debe hacer así. Puedes estar seguro de que tengo razón. Siempre lo hago así»).

Todo esto se puede transformar en comportamientos que pueden identificarse especialmente por:

— prepotencia;
— egocentrismo o referencia a uno mismo;
— acritud;
— falta de espontaneidad;
— narcisismo;
— repetición o determinación;
— crítica en las relaciones con el mundo y los demás;
— prisas, delirio, velocidad en proponer y proponerse;
— evitar las situaciones «críticas» de resultado incierto;
— tendencia a actitudes de «sabiondo»;
— cuidada elección de los interlocutores (amigos, por ejemplo) y situaciones;
— insistencia excesiva (hasta el punto de hacer daño al interlocutor).

La otra cara de la moneda

El exceso de autoestima para la persona que lo posee puede traducirse también en sufrimiento interno, no manifestado claramente o bien camuflado, y que podríamos intentar definir haciendo referencia a algunos aspectos:

- Sensación generalizada de insatisfacción por todo lo que es el mundo exterior y los demás en general.

- Tensión continua (con manifestaciones también psicosomáticas, como la presión arterial alta).

- Inestabilidad emocional. Es difícil, para una persona equilibrada, estar cerca toda la vida de alguien que no le deja espacio, debido a una autoestima excesiva, por lo que se puede llegar a un continuo ir y venir de parejas («conquistas» del mismo nivel de la persona) que antes o después no soportan más estar sometidos (o al menos en segundo plano), y si están bien, se alejan.

- Imposibilidad de cambiar («Si así estoy bien, ¿por qué cambiar, como me dice alguno de los que me conocen?»).

• Defenderse atacando («Así estoy seguro y nadie puede romper el equilibrio que tanto me ha costado alcanzar. ¡Sólo yo sé cuánto me ha costado llegar hasta aquí!»).

• No delegar en nadie las tareas propias cuando el trabajo y las obligaciones le sobrepasan; esta situación, por una parte, le hace sentir omnipotente y, por otra, sin duda le estresa.

Ponerse manos
a la obra para cambiar

La visión: una fuente de satisfacción

La visión puede considerarse el primer recurso de potencia que reside en nuestro interior, dentro del espíritu humano. Veamos de qué se trata. El espíritu humano es el que orienta nuestra mente, y esta, a su vez, impulsa al cuerpo a actuar. Tenemos que reconocer que la mente —por sí sola— no sería capaz nunca de mover el cuerpo con tanta eficacia. Pensemos, por ejemplo, en cuando decimos que estamos agotados, con «las pilas bajas»: en ese momento no es que la mente esté «fundida», tan sólo le falta el espíritu que necesita para moverse. Y por eso la voluntad es importante, pero no basta. A menudo, de hecho, nos dirigimos a la voluntad a través de la mente, pidiendo, pidiendo y volviendo a pedir sin darle nada con lo que alimentarse. Y los resultados no se ven.

Características de la visión

Si una imagen mental o una serie de imágenes no influyen de alguna manera en tu comportamiento o tus acciones, se trata de un sueño, de una idea o de un concepto. No de una visión. Aunque ciertamente un sueño puede conducir a una visión.

Para ser una visión, la imagen mental debe evocar emociones y llevar a la acción. Atención: puede que hayas tenido una visión, pero que hasta hoy no hayas sido capaz de reconocerla.

Más en detalle se puede decir que una visión:

- Existe sólo en tu mente: la que tienes es sólo tuya, inimitable.

- Te conduce hacia una condición diferente de la que estás viviendo actualmente.

- Es muy específica, característica: lo querrías así..., te gustaría...; con esta claridad:

  — te permite percibir cuándo debería comprobarse todo;
  — podría conducirte a una situación o condición de vida que no está claro que se vaya a dar con el tiempo;
  — te ayuda a sentir emociones;
  — te impulsa a actuar para alcanzar (o evitar) lo que tienes muy claro en tu visión;
  — también podría llevarte hacia algo que ni tú ni los demás habéis pensado o alcanzado;
  — puede involucrar también a otras personas además de ti.

  Sigue atentamente este esquema antes de continuar.

la [VISIÓN]

desencadena [EMOCIONES]

estas hacen que viva el [ESPÍRITU HUMANO]

la [MENTE] se pone en marcha

el [CUERPO] como consecuencia se pone en movimiento

y aparece la [ACCIÓN]

Una visión está constituida por:

  — un fuerte deseo de cambio;
  — miedo a las cosas que podrían suceder;
  — necesidad de alcanzar algo que no tenemos todavía.

Además, una visión puede originarse dentro de nosotros sólo con nuestra ayuda o también por efecto de la acción de otra persona.

En el primer caso, puede sustituir el resultado de un momento crítico, de un análisis racional o de intuición.

En el segundo caso, puede ser fruto de la persuasión, de la imitación de algún modelo, del consenso del grupo o también de algún tipo de doctrina.

Los beneficios principales de la visión

- Un punto de vista diferente para valorar el pasado o el presente. Cuando tomas en consideración una visión, pones el acento sobre el futuro; eso hace posible una valoración diversa tanto del pasado como del presente.

- Una guía clara para tomar decisiones; cada día decides si hacer ciertas cosas o no. Cuando hay que decidir cotidianamente, tener una visión es útil como guía general. Por ejemplo, puede ayudar a distinguir entre las actividades a favor o en contra del objetivo o el camino que tienes en mente o sobre el que estás ya trabajando.

- Un buen apoyo en los procesos de cambio. No es fácil cambiar de comportamiento, aunque en el plano racional, lógico, sepas que ha llegado el momento de abandonar ciertas maneras de actuar. A menudo un análisis lógico se revela del todo ineficaz. Una visión te da una clara descripción del cambio deseado, así como el empuje emocional para intentar cambiar.

- Un recurso muy valioso de poder.

- Una gran cantidad de energía, la que está dentro de cada ser humano, expresada por el componente emocional de una visión. Esta energía es la que te permitirá insistir un cierto periodo de tiempo y superar todas las adversidades que se te presenten.

DIÁLOGO VIRTUAL: TU VISIÓN

¿De dónde proviene tu visión?

....

¿Quieres intentar definirla?

....

Optimismo y pesimismo

El optimismo y el pesimismo tienen que ver con una predisposición emocional y cognitiva a pensar y sentir las cosas en la vida como buenas o menos buenas. Un aspecto derivado directamente del optimismo y el pesimismo es una predisposición o, si se quiere, una inclinación a reaccionar (positiva o negativamente) ante los demás, los acontecimientos y las situaciones, esperando incluso un futuro positivo o negativo.

Así, los optimistas tienden a pensar generalmente que el bien y lo bueno que están viviendo están destinados a continuar en el futuro. Al contrario, los pesimistas suelen mirar o vivir habitualmente el presente y el futuro con visos negativos: es decir, creen que los elementos negativos tendrán un peso mayor con respecto a los positivos.

¿Cómo se relacionan la autoestima, el optimismo y el pesimismo? Veámoslo de forma esquemática:

+ autoestima = + optimismo
+ autoestima = – angustia y depresión
+ autoestima = + separación entre sentimientos y pensamientos
+ autoestima = + paciencia
+ autoestima = + empatía, + habilidades sociales
+ autoestima = + sensación de autorrealización
+ autoestima = + adaptación y capacidad de afrontar factores estresantes
+ autoestima = + confianza en la atracción física
+ autoestima = + integridad del Yo
– autoestima = + pesimismo
– autoestima = + confusión en las ideas/sentimientos
– autoestima = + dilación

En los próximos días, intenta reflexionar sobre tu optimismo y pesimismo, y describir con precisión qué comportamientos están claramente influidos por uno u otro modo de sentir las cosas. Esta contribución al conocimiento más profundo de ti mismo te ayudará a cambiar determinadas actitudes.

DIÁLOGO VIRTUAL: LAS PERSONAS CON AUTOESTIMA SON... ¿Y YO?

Son confiadas, pero no en exceso.
Yo soy ....
....

No les hunden las críticas (propias o de los demás).
¿Qué me hace daño? ....
....

No se colocan a la defensiva cuando se les pregunta.
Yo generalmente ....
....

No son muy intranquilas.
Mis nervios...
....

Son activas y están empeñadas en mejorar incluso sin que otros les guíen.
Yo prefiero...
....

(continúa)

Están bastante satisfechas de cómo son.
En lo que a mí respecta ....
....

Los obstáculos y los imprevistos no les desaniman con facilidad.
A mí me sucede ....
....

Aceptan bien sus propios errores.
Yo, cuando me equivoco, ...
....

No desean someter a los demás.
Si hay algo que deseo ....
....

No tienen miedo al éxito.
Yo ....
....

Son abiertas y comunican con determinación sus propias necesidades.
Con ciertas personas yo ....
....

Se esfuerzan, pero no rechazan la ayuda de los demás. No por ello dejan
de ser independientes.
Pedir ayuda es para mí ....
....

¿Cuándo? ....
....

¿Cuánta? ....
....

¿A quién? ....
....

¿Por qué razones? ....
....

Tienen altos grados de aspiración, interés, satisfacción, liderazgo, iniciativa.
Si tuviera que hablar de mí ....
....

(continúa)

No se preocupan mucho por un posible fracaso o por el temor a parecer locos.
Estos son mis miedos..
....

No son autodestructivas.
He llegado a conocer..
....

Son más bien propensas a los placeres, a divertirse.
En cuanto a mí ....
....

No tienden a aventurarse en cualquier proyecto de forma prepotente.
En mis decisiones hago hincapié..
....

Están preparadas para reírse de sí mismas y no tomarse demasiado en serio.
En este aspecto yo ....
....

Cómo aumentar la eficacia de nuestras acciones

Veamos ahora una serie de nociones que pueden llevar a corregir (controlar) algunos comportamientos y a decidir cambiar lo que no es apropiado para nuestro bienestar.

• *Tras analizar tus errores, intenta olvidarlos.* Has cometido errores. ¿Los reconoces? ¡Bien! Sin duda eran la mejor solución en ese momento, si bien luego has tenido que sufrir las consecuencias. ¿Qué puedes hacer ahora? ¿Borrar el error de tu memoria? ¡No es fácil!

Lo que puedes hacer enseguida por ti mismo es trabajar en el presente y quitarle emotividad al recuerdo. El recuerdo de los hechos permanece, pero lo que te hace daño —de verdad— es la emoción que estos recuerdos traen consigo. Emotividad negativa que induce a la autocrítica, la depresión, la angustia, la pasividad, a una sensación de inadecuación, a definirse uno mismo como una persona que nunca consigue lo que se propone, etc.

Atención: no estamos diciendo que olvides los errores y ya está, con la esperanza de que desde ese momento todo sea diferente. De hecho, ¿cómo sería posible sin experimentar? La técnica que te aconsejo es observar el error en el pasado, separarlo de todo lo que esté asociado a él, como pueden ser otras experiencias y juicios negativos de las personas que te hayas encontrado.

En definitiva, que permanezca el recuerdo aunque desvinculado del sentimiento.

Intenta... ¡no sentir nada por esos errores! Considéralos actos mecánicos, comportamientos vistos desde fuera, ahora que estás definitivamente apartado de ellos y tienes la total intención de no repetirlos.

• *Haz hincapié en tus esfuerzos.* No se trata de subir al pódium para alabarse, sino más bien de observar los comportamientos (y no los sentimientos) que has protagonizado a lo largo de los años.

¿Por qué no empiezas a observar, ver, pensar positivamente basándote en todo lo bueno que hay dentro de ti y en las cosas buenas que has llevado a cabo hasta ahora? Si no ves nada, deja que te ayude alguien en quien tengas confianza.

Mientras haces el inventario de hechos (grandes y pequeños) de los que estar orgulloso, intenta ponerlos en orden cronológico en tu memoria. Así, implícita pero necesariamente, te harás otro favor a ti mismo: separarás lo positivo de lo negativo. Tal vez no me creas, pero gran parte de la confusión —que conduce después a la ineficacia— procede justamente del hecho de que dentro de ti las cosas se han solapado, superpuesto, se han contaminado; todo esto consume algo de energía interna, ¿no te parece?

• *Acostúmbrate a resaltar los* feedback *(respuesta «de vuelta») positivos en lugar de los negativos.* Sobre la función de *feedback* se ha escrito mucho. Hoy la psicología ha puesto de manifiesto lo determinante que es, para que una persona aprenda un determinado comportamiento, la respuesta que esa acción provoca en los demás (es decir, en el mundo que la rodea) cada vez que se pone en práctica. ¿La respuesta «de vuelta» agrada a quien hizo el primer movimiento? Entonces esa persona tenderá a repetir esa acción que le ha procurado beneficio. Si, en cambio, la respuesta es desagradable, muy probablemente la persona tenderá a eliminar ese comportamiento que provoca una situación incómoda, molesta, razón por la cual es mejor olvidarlo (más o menos conscientemente).

¿Cómo podemos, por tanto, estar mejor inmediatamente, sin recurrir a soluciones drásticas?

Recuperando el recuerdo, la imagen o la sensación de algo bueno que hayamos realizado y que nos haya hecho sentirnos bien —dentro— gracias a la respuesta recibida.

¡No se trata de inventarse nada! Muchos autores escriben: «Piensa en algo agradable...», pero todos sabemos lo difícil que es «pensar positivamente» cuando se está mal.

¿Por qué no echar mano entonces de algo bueno en nuestra vida?

¿Es conveniente aislar los *feedback* negativos? Sí, porque se asociarían entre sí dando lugar a algo —que no existe, tan sólo es producto de nuestra fantasía— que, sin lugar a dudas, nos conduciría a una situación de frustración, de depresión, incitándonos a ver dificultades irremontables, empresas imposibles, etc.

¡Divide et impera!, decían los romanos. Apliquemos esta máxima no a la política sino a la condición psicológica: la respuesta nos reportará grandes beneficios.

• *Proponte objetivos alcanzables y controla las respuestas regularmente.* Este cuarto punto se podría dividir en dos partes. La primera se refiere al buen sentido que hay que tener cada vez que nos encontremos en la situación de decidir la longitud del «paso» que estamos a punto de dar. La segunda consiste en observar atentamente y con regularidad el tipo de respuesta obtenida al actuar de una determinada manera.

«¿Es posible —se preguntará alguno— que se pueda errar al calibrar el objetivo?». ¡Por supuesto que sí!

Veamos ahora algunos errores que podemos cometer cuando estamos decididos a alcanzar un objetivo:

— no razonar «con la mente fría»;
— sobrevalorar las propias capacidades;
— subestimar las dificultades del camino;
— no prever posibles incidentes durante el recorrido, por pequeños o grandes que sean;
— proceder a una velocidad (demasiado alta o baja) inadecuada al recorrido establecido;
— no darse cuenta de que entre la decisión y la partida ha pasado cierto tiempo, durante el cual se han podido producir muchos cambios de los que no se tiene la menor idea.

Al no conocer bien el objetivo (escalar una montaña) me he fiado de la palabra de alguien («es fácil»), y el resultado es que ahora no puedo continuar. ¿Por qué? Porque no poseo sus mismas condiciones (¡si admitimos que él haya llegado efectivamente con todas sus fuerzas allá arriba!). No se trata de un buen objetivo, porque no se puede transformar en comportamientos observables. Si un concesionario de coches quiere vender más automóviles, entre las consideraciones que tendrá que tener en cuenta estarán:

— una rápida entrega del coche;
— precio competitivo;
— asistencia las 24 horas;
— facilidad para conseguir los recambios;
— otros servicios eficaces, beneficiosos, que todos podamos observar.

El presidente de una empresa no puede decir: «Quiero un aumento en las ventas» si no facilita, con ayuda de los expertos y con precisión, una serie de comportamientos observables y, por tanto, verificables, que todos puedan reconocer después de verlos con sus propios ojos.

• *Cambia la forma de hablar sobre ti mismo: ¡deja de tirar piedras sobre tu propio tejado!* ¿Comprarías algo a una persona que no señala las virtudes, sino sólo los defectos, de lo que te está proponiendo que adquieras?

«Pero ¿yo qué debería presentar bien?». ¡A ti mismo!

«¿Qué puedo hacer para mostrarme mejor?». ¡Comienza por no hablarte a ti mismo negativamente de ti mismo! Es un grave error.

En segundo lugar, si escuchas una vocecita que te está siempre denigrando, critica todo lo que haces, que en definitiva no se contenta nunca con lo que eres, es conveniente que te dirijas a un psicoterapeuta, posiblemente también para restablecer un buen equilibrio interno en tu persona.

Si la vocecita te deja en paz y sólo se oye de vez en cuando, y puedes decidir incluso equivocarte en paz, ¡todo está bien!

Hablarse positivamente a uno mismo quiere decir simplemente quererse. ¿Es demasiado sencillo?

¿Te has preguntado alguna vez por qué no te quieres y, por tanto, te hablas mal de ti mismo? En la fase de «autodiagnóstico» ya hablamos de esto. ¡Intenta profundizar en el tema! Te resultará de gran utilidad, sobre todo si descubres que, en realidad, no eres tú el que se infravalora, sino que lo estás haciendo con la cabeza y el corazón de algún otro. ¡Despiértate!

Prevenir o aceptar una baja autoestima

Todas las personas son diferentes unas de otras. Cada una piensa, actúa, siente, ama, vive, aprende y trabaja de forma diferente a todas las demás. Se podría decir que este principio es comprensible y que, en cierto modo, está aceptado en todas las culturas de este mundo.

Problema: si esta afirmación es cierta y si esta situación está aceptada por todos, ¿por qué cada uno de nosotros no trata a los demás de forma diferente o, simplemente, no tiene hacia los otros la misma actitud que se reserva a sí mismo? Probablemente la respuesta a esta pregunta sea la razón de todo el estrés presente en la sociedad actual.

Sería importante lograr cambiar nuestro modo de pensar y comportarnos de forma que mejorase la calidad de vida de todos. Se trata no sólo de prevenir una baja autoestima, sino también de lograr convivir con sistemas de comunicación interpersonales poco eficaces y con comportamientos (repetidos hasta el infinito) muy estresantes.

Los objetivos que cada uno de nosotros se puede plantear son:

- Descubrir cómo mi perfil humano me predispone o predispone a las personas que viven a mi lado hacia cierto tipo de factores estresantes.

- Comprender y comunicar a los demás que estoy haciendo un esfuerzo para recuperar un buen grado de autoestima y reducir el conflicto.

- Obtener todos los datos necesarios para crear climas psicológicamente correctos, donde cada persona pueda sentirse valorada, querida y con buenas posibilidades de lograr sus objetivos (tener éxito).

El grado más bajo de depresión puede ser la convicción de «no poder recibir ningún tipo de ayuda». Está provocado por una baja autoestima y un fuerte estrés que se manifiestan en una pregunta continua sobre los objetivos personales, en contradecirse o, incluso, en la pérdida de las ganas de vivir.

Para entender el posible impacto de estas ideas no sólo sobre el humor, sino también sobre el aspecto físico, hay que pensar que el sentimiento por el que «no se tiene la esperanza ni el deseo de ser ayudado», según los científicos de la Universidad John Hopkins (investigación del año 1997), puede derivar en dolencias cardíacas.

Autoestima y dominio del estrés

Como ya se ha dicho, en nuestra sociedad muchas personas se ven sometidas a situaciones que provocan estrés. De ahí que sea importante que cada uno aprenda a manejar en primera persona las situaciones que lo generan. Con una buena dosis de autoestima se consiguen prevenir las condiciones de sufrimiento, pero ¿qué se puede hacer si se advierten ya desde hace tiempo las dificultades?

Oprimidos por las sensaciones desagradables del estrés, tendemos cada vez más a menudo a dirigirnos a un especialista para que nos sugiera una u otra técnica que logre tratar la situación de malestar.

Algunas técnicas psicofísicas, fáciles de aprender, pueden llegar a ser eficaces: por ejemplo, el *training* autógeno, considerado una de las más válidas y simples tanto por su aprendizaje como por su aplicación, con la condición de que se practique de forma constante, como sucede, por otra parte, con cualquier otra cosa.

Muchos de nosotros, además, buscamos un método personal: leemos y estudiamos manuales de diferentes escuelas de pensamiento, religiones, etc., con el fin de superar los sufrimientos que se derivan de este «mal de vivir».

Esta primera fase, positiva en cuanto a que puede permitir a la persona «que busca» encontrarse, debería constituir el primer paso de un proceso mayor de transformaciones, modificaciones, crecimiento interior.

A menudo nos encontramos frente a señales evidentes que identificamos como el producto de situaciones definidas como estresantes y que dirigen nuestra atención a una determinada causa, probablemente la misma del origen de lo que definimos como «estrés».

Ahora bien, si nos limitamos a aprender a aguantar el síntoma producido por una cierta causa sin intervenir sobre esta, caeremos inevitablemente en un error de método. El síntoma, de hecho, no debe olvidarse ni suprimirse, sino que sirve de indicador para definir mejor nuestra situación. Nos está señalando, con toda probabilidad, un mal funcionamiento a varios niveles, al que es necesario prestar atención para conducir la situación hacia condiciones de equilibrio y sin dilación, porque las señales de «alarma» ya son evidentes.

En el ámbito laboral, por ejemplo, en estructuras u organizaciones que no nos resultan gratificantes, podemos experimentar la sensación de vivir una vida sin sentido y, por eso, encontrarnos deprimidos. En estas situaciones puede ser útil recurrir a un psicólogo con el propósito de integrarnos mejor en la estructura laboral. Si esto resulta imposible, correremos el riesgo de encontrar en nuestro camino el desánimo, la desmotivación y, quizá, el derrumbamiento de toda la persona.

¿Qué hacer entonces? Es imprescindible desarrollar nuevas capacidades que permitan cambiar el método o la actividad dentro de nuestro ámbito laboral, contribuyendo a transformarlo creativa y positivamente, o de lo contrario, decidirnos por un cambio radical de tipo de trabajo.

Si pasamos años de competición desesperada o de actividad laboral en un clima que no nos inspira confianza, en donde nuestra autoestima sufre duras pruebas y nos sentimos continuamente cansados, atados de pies y manos, no conseguiremos grandes resultados y sólo dormiremos mejor por la noche recurriendo a tisanas especiales o psicofármacos, o bien dejando que nos den unos buenos masajes. Es el momento de reflexionar sobre valores, ideales, métodos y fines últimos del hombre en general, personales o de la sociedad en donde se vive; por ello, deberemos tomar una decisión hasta encontrar una vía con la mejor solución para nosotros.

En resumen: la atención y la intervención sobre el individuo son seguramente algo excelente, pero, como nos enseña por ejemplo la teoría holística (según la cual el organismo es todo uno), para una eficacia a largo plazo es necesario considerar la idea de cambiar con determinación el camino que estamos recorriendo, dirigiéndolo hacia horizontes más claros. Y para lograr todo esto, ¡es necesaria una buena dosis de autoestima!

Siempre refiriéndonos al estrés, no debemos olvidar además que, en la época en que vivimos, prolifera debido a la elevada densidad de población y el consiguiente aumento de señales recibidas y transmitidas de individuo a individuo.

Los motivos de este estado de cosas son múltiples, complejos y al mismo tiempo evidentes. Lo único cierto es que hay que prestar atención al estrés, es necesario proteger esta capacidad del ánimo humano de percibir lo que sucede a su alrededor: el estrés no es otra cosa que una campanilla de alarma que nos permite percibir que estamos cometiendo un error o que lo hemos cometido en un pasado más o menos reciente.

Pero, atención: ¡eliminemos sólo el estrés cuando hayamos entendido cuál era el verdadero mensaje que escondía!

Cambia tu forma de pensar y tu comportamiento

Parece ser que el abandono de los sistemas de valores tradicionales se halla en estrecha relación con el modo de convivir con altos niveles de estrés y baja autoestima. Entre las mayores fuentes de estrés se pueden contar algunos factores como:

— la alta incidencia de divorcios y, por tanto, de familias con un solo miembro de la pareja;
— los acosos sexuales;
— las fugas de casa;
— los padres que no se implican realmente en la vida de sus hijos;
— la violencia (homicidios, suicidios, robos).

El estrés, por tanto, parece que puede pertenecer a todos los aspectos de la vida de una persona-tipo de la actualidad; se puede observar y apreciar en la escuela, en casa, en el trabajo.

Es bueno dejar claro que igual que no existe gran diferencia entre la baja autoestima del niño y del adulto, sucede lo mismo cuando se habla del alto nivel de estrés. Debido a que los jóvenes no pueden beneficiarse de la edad, la experiencia o, por ejemplo, de un cambio de trabajo para estar mejor, como es el caso en cambio de los adultos, tienden a menudo a mostrar una baja autoestima y comportamientos altamente estresantes.

Por otra parte, los adultos no reaccionan de manera diferente a los niños cuando se trata de estrés o de baja autoestima. Dicho esto, veamos algunos tipos de personalidad y su forma de responder al estrés en situaciones difíciles, en las que sería necesaria una buena dosis de autoestima.

De ahí que proponer un entrenamiento sobre la autoestima en la escuela no debe verse como algo excepcional por parte de los profesores, alumnos o padres. Hay que recordar que el conflicto existe y que las peores consecuencias se pueden producir allí donde la autoestima es baja y el estrés tiene valores especialmente altos. Por eso, aprender a reconocer el conflicto es una cualidad que se puede colocar entre las que permiten al individuo de hoy sobrevivir o, mejor, vivir conscientemente, aumentando su propio bienestar.

Debemos reconocer y recordar que ni el estrés ni el conflicto pueden eliminarse completamente de nuestra existencia. Y, sin embargo, es cierto que la comunicación a través de una baja autoestima y comportamientos estresantes, además de poder reconocerse, pueden tratarse también o (todavía mejor) prevenirse.

Si aprendemos a conocer, a aceptar y tratar a las personas de forma diferente podemos elevar automáticamente nuestra autoestima y la de los demás.

Cómo actuar sobre los factores de estrés según el propio carácter

• Las personas que son propensas a la acción necesitan libertad, diversión y cambiar con cierta rapidez diversos aspectos de su vida. Tienden a expresarse, a «echarlo todo fuera», a romper con las reglas, a combatir. A menudo están predispuestas al riesgo o a tomar decisiones precipitadas, con el peligro de caer víctimas del alcohol, de sustancias estupefacientes u otras cosas. Para reducir el estrés y restablecer una buena autoestima necesitan relajarse, concentrarse en los logros del presente, sin avalanzarse siempre hacia delante, en proyectos o, aún peor, en la «casualidad» («lo hago sin pensar»).

• Las personas muy estructuradas tienden instintivamente a que todo esté organizado. Deben planificar su vida puntualmente y con mucha anticipación; esperan que las guíen tanto en el trabajo como en la vida privada. A menudo suelen esforzarse demasiado, convertirse en autoritarias y observadoras estrictas de las reglas. Son propensas a ser dominadas por la impaciencia, la angustia, la tensión, y a caer víctimas, fácilmente, de la hipocondría, úlceras, migrañas, etc. Para reducir el estrés y restablecer un buen grado de autoestima necesitan aceptar sobre ellas la responsabilidad de sus propias acciones, estar preparadas y organizadas, tener un proyecto con objetivos comprensibles y claramente definidos.

• Las personas emocionales se dejan llevar instintivamente por los sentimientos y tienen una gran necesidad de armonía. Esperan y solicitan paciencia, amabilidad, igualdad, unidad y posibilidad de diálogo. Tienden a tomarse las cosas «personalmente». En ocasiones pierden la fe en sí mismas y en los demás, probablemente por sentirse culpables de cualquier cosa que suceda a su alrededor. Debido a que están predispuestas a cargar también con los sentimientos de los demás, ya que a menudo estos se aprovechan de eso, es fácil que se encuentren con muchos problemas. ¿El resultado? Pueden llegar a convencerse de que no se les quiere mucho.

Este tipo de personas, terriblemente compasivas, pueden acabar por caer en crisis emocionales extremas, depresiones o incluso en un uso excesivo de fármacos. Para reducir el estrés y restablecer una autoestima positiva necesitan que se les escuche, ser dignas de crédito y que sus esfuerzos se tengan en cuenta. Al menos, poseen un buen recurso: por lo general, a estas personas les encanta trabajar en equipo.

DIÁLOGO VIRTUAL: QUERERSE SIN PRESUNCIÓN

Cómo te sientas depende mucho de las personas con las que te compares.
Un buen grado de autoestima significa que al menos estás en condiciones de igualdad con tus semejantes.
Un exceso de autoestima se traduciría en arrogancia, del mismo modo que demasiada organización puede conducir a la obsesión.
Una buena autoestima no excluye la humildad.
La humildad no es lo mismo que el desánimo.
El justo equilibrio debería encontrarse en un punto medio entre la arrogancia y la humildad.

¡Muévete!

Una autoestima alta y un alto grado de estrés son incompatibles: de hecho, la presencia de uno excluye automáticamente la del otro.

Lo mismo se puede decir de un alto nivel de estrés y el ejercicio. Una práctica adecuada (frecuencia, intensidad y duración) de ejercicio puede efectivamente acabar con el estrés. Cada programa es, por tanto, sostenible hasta que se logra llevarlo adelante con satisfacción.

Hay un principio importante que recordar en este punto: el ejercicio debe constituir algo realmente importante en la persona.

¿Cuáles son las características de un buen ejercicio? Participar intensamente con todo el cuerpo, mezclar competitividad o intereses particulares con elementos de sorpresa, «peligros» o de reconocimiento público. Al mismo tiempo, para que el ejercicio no sirva sólo para acabar con el estrés, se debe organizar bien, es decir, plantear objetivos que alcanzar. Después, cada uno adaptará estos principios generales con lo que siente dentro de sí en relación con el ejercicio físico: mayor o menor competitividad, solo o en compañía, facilidad o dificultad en el aprendizaje o la práctica. Algunos prefieren, por ejemplo, pensar mientras se mueven, sin olvidar que la persona que quiera aumentar su autoestima tendrá que plantearse sólo pensamientos positivos.

Cada día, elige uno de los puntos siguientes e intenta «trabajarte» partiendo de la consigna por la que te hayas decidido.

Completa los posibles espacios en blanco con tus reflexiones, propósitos, intenciones, expectativas. ¡No olvides poner siempre la fecha!

Vuelve a revisar este material dentro de un mes y prueba a comentar algo sobre cómo está funcionando.

Valora tu autoestima.
Partiendo de los últimos logros, del 1 al 10 me concedo ....
puntos.

Porque he logrado hacer.., ser........................

Aprende a actuar con determinación.
¿Qué quiere decir en mi caso? ¿Cuáles son los comportamientos que tengo que modificar desde este punto de vista?
....

Controla el estrés y la angustia antes de que sean excesivos. Mientras tanto, haz una valoración.
¿Cómo son mis valores? Estrés...................., angustia...........................

Organízate bien en el trabajo, sobre todo en los cambios, variaciones (tareas, colegas, etc.). Aprende a prever los cambios. ¿Cómo? Mantén los ojos bien abiertos, mira a tu alrededor e intenta considerarlo como una cuestión rutinaria, porque las cosas y los hombres —en este caso— no permanecen parados.

Aprende a adaptarte.
No en el sentido negativo del término, es decir, sufrir pasivamente o perder o adaptarse sin decir nada. Prepárate como lo hace la especie humana desde hace millones de años ante las variaciones climáticas, por ejemplo, o elaborando poco a poco nuevas estrategias no sólo para sobrevivir, sino para vivir dignamente.

Admite también que tienes defensas que te ayudan en los momentos especiales. No eres Supermán, ¿no te has dado cuenta todavía? Cada persona, para no poner en serio peligro su salud, pone en funcionamiento sus propias defensas: ¡es natural! Su función es dejar fuera a los enemigos, como las antiguas murallas de las ciudades. Cada uno tiene su modo de «desconectar» cuando ya no puede más. Y es conveniente estar atento a la señal y darse cuenta de que es mejor aminorar que pararse, antes de que sea demasiado tarde.

(continúa)

Una defensa habitual puede ser una pequeña mentira con respecto a la propia salud: estoy mal, no puedo ir a trabajar o a esa cita. Y parece que, si se emplea bien el tiempo ganado y el estrés ahorrado, se logra volver a empezar el día siguiente con vigor renovado. A veces hacemos que mientan: «No, no está en casa», si por enésima vez alguien nos está molestando en casa, a la hora de comer, por motivos de trabajo.

Aprende a controlar la rabia.
Enfadado no se va a ninguna parte. Hay quien aconseja contar hasta 10, 100 o 1 000, pero ¿de qué sirve si ya se ha desencadenado en el interior un mecanismo de fuerte rebelión, difícil de controlar, de agresividad hacia algo o alguien? De nada. Es mucho mejor no reaccionar siquiera, es decir, tener un filtro lo suficientemente eficaz como para no permitir que se nos golpee (y caer en picado). ¿Qué hacer entonces?
Aprender a ser indiferentes. ¿Cómo? Haciendo, por ejemplo, como el faquir que se concentra en sus pensamientos y no siente el dolor de los clavos sobre los que se sienta. O bien como el agua que sigue siendo siempre H_2O cuando cae de una cascada o cuando corre plácidamente sobre el lecho de algún gran río o la que cae del grifo gota a gota: ¡nunca pierde su propia identidad! Ese es el secreto.

Abandónate en cuanto puedas: practica cómo cambiar de actitud mental, pues podría hacerte sentir más cómodo en muchas ocasiones. Entrénate además para hacerlo rápidamente.
Como psicólogo, tengo que dar las gracias a las personas que vienen a mi consulta, porque me ayudan desde hace más de 20 años a cambiar la visión y el lenguaje exactamente cada 45 minutos. Con la persona fóbica, me comportaré de un modo, y escucharé a una anoréxica o una persona que ha intentado suicidarse con la misma atención, pero usaré una forma distinta de expresarme. ¿Las ventajas? Que puedo lograr no estresarme cuando, en la vida cotidiana, tengo que cambiar de forma de actuar o de hablar porque estoy con mi madre que tiene setenta años, en vez de mi mujer que tiene treinta y cinco, o mi hija Arianna que tiene apenas un año. Se podría decir: pero ¡si eso es lógico! Sí, es lógico, pero cuesta trabajo en la mayoría de las situaciones. Debemos aprender a no inquietarnos para no desperdiciar energías importantes. Y sobre todo a «desconectar» apenas se pueda. Es necesario ser capaces de «cambiar de marcha». Las primeras veces que se intente volver a aprender a relajarse, conviene:

• **Programar una pausa:** aunque no se sienta la necesidad, es útil detenerse para coger así emotividad en el intervalo («Me siento culpable, todavía no era la hora de un buen café», «Lo hago», ¡Lo hago porque lo he decidido yo!»). Este es un modo sencillo de recuperar la autoestima.

(continúa)

- Tener a disposición un «mediador», es decir, cualquier cosa (objeto o persona) sobre la que descargar tensiones, para liberarnos. Puede ser una pelota que botar y lanzar a alguien, tomar un café con alguien o un tema de discusión especialmente interesante. De este modo puede resultar más fácil relajarse.

Prueba a conocer personas nuevas incluso en las reuniones de trabajo.

Deja que surja todo tu potencial, seguramente queda mucho por mostrar.

Cuida con atención tus procesos de decisión, desde los más pequeños hasta los más grandes.

Ten en mente tu propio desarrollo.

Intenta sacar el máximo partido de tu tiempo: gástalo bien.

¡Tu trayectoria profesional es sólo tuya!

Aprende a «venderte» tú mismo.

Trata de buscar un trabajo nuevo si no te gusta el que tienes.

Intenta desarrollar algunos aspectos de tu personalidad. Define enseguida cuáles:

....

....

....

....

....

....

....

....

....

....

En familia: favorecer la autoestima de los niños

A continuación encontrarás quince principios con los que puedes comprobar si eres un buen padre o una buena madre y, al mismo tiempo, aumentar la autoestima de cada uno de tus hijos.

¿Y para quien no sea padre? Vale la pena conocer, de todas formas, estas sencillas reglas, porque es posible que se tenga relación con niños (sobrinos, hijos de amigos, etc.) y se corre el riesgo de cometer errores garrafales con graves consecuencias en la idea que el niño tiene de sí mismo y de la realidad, incluido su interlocutor.

• *Aprecia a los niños.* ¿Cómo? Dándoles el justo reconocimiento y alabándoles cuando se lo merecen, o bien aumentando sus responsabilidades tras haber terminado satisfactoriamente un determinado trabajo. Se trata de dar importancia a las cosas buenas que han hecho, así como a las que están medianamente bien.

• *Toma en serio sus ideas, emociones y sentimientos.* No quites importancia a sus iniciativas con comentarios del tipo: «No es como tú crees, ya se te pasará», etc.

• *Define con claridad los límites y las reglas, y refuérzalos siempre que sea posible.* No olvides, sin embargo, dejar márgenes un poco amplios.

• *Sé un buen modelo.* En el papel que tengas, dentro de la familia y fuera, actúa de forma que tus niños reconozcan que estás bien. No intentes ocultar siempre tus errores, sino enseña a los niños que de un error se puede también aprender mucho.

• *Enseña a los niños a administrar bien el tiempo y el dinero.* Se trata de ayudarles a programar bien sus propias actividades y a organizar de manera adecuada sus pequeñas sumas de dinero.

• *Alimenta expectativas razonables en tu relación con los niños.* Respeta esta regla: si no sabes cómo medir lo que pides, hazlo de forma que el niño tenga siempre éxito en lo que hace. No para que se sienta un superhombre, sino únicamente para que después aprenda a elegir por sí mismo los objetivos a su alcance, es decir, los que sean razonables, adecuados, adaptados a su edad y sus condiciones (no las de ningún otro).

• *Ayuda a tus niños a ser tolerantes con aquellos que tienen valores, normas y orígenes diferentes de los suyos.* Pon énfasis también en los esfuerzos que los demás efectúan para lograr vivir mejor.

CÓMO DECIRLE «MUY BIEN» A UN NIÑO

Se pueden utilizar muchas expresiones, todas con características especiales, para felicitar a un niño; aquí presentamos algunas y recuerda de todas formas que...¡una sonrisa vale más que 1 000 palabras!

- ¡Uauuu!
- ¡Sigue así!
- ¡Fabuloso!
- ¡Eres especial!
- ¡Estupendo!
- ¡Excelente!
- ¡Genial!
- ¡Bien!
- ¡Bien hecho!
- ¡Extraordinario!
- ¡Estoy muy orgulloso de ti!
- ¡Sabía que podías hacerlo!
- ¡Fantástico!
- ¡Buen trabajo!
- ¡Parece bueno!
- ¡Maravilloso!
- ¡Lo has cogido!
- ¡Lo has entendido!
- ¡Ahora lo has conseguido!
- ¡Eres increíble!
- ¡Eres fantástico!
- ¡Lo sabes hacer solo!
- ¡Vas por buen camino!
- ¡Qué bonito!
- ¡Requetebién!
- ¡Viva!
- ¡Me gustas!

- ¡Un buen trabajo, extraordinario!
- ¡Eres un sol!
- ¡Eres un encanto!
- ¡Buena idea!
- ¡Has descubierto el misterio!
- ¡Lo has resuelto!
- ¡Qué bien lo has entendido!
- ¡Qué responsable eres!
- ¡Eres genial!
- ¡Qué imaginación!
- ¡Da gusto cómo atiendes!
- ¡Estás creciendo!
- ¡Has trabajado duro!
- ¡Se nota que te interesa!
- ¡Muy buena participación!
- ¡Tienes confianza en ti!
- ¡Eres importante!
- ¡Eso era!
- ¡Me haces feliz!
- ¡Me haces reír!
- ¡Me quito el sombrero!
- ¡Es correcto!
- ¡Un trabajo súper!
- ¡Un fuerte abrazo!
- ¡Un besazo!
- ¡Te quiero mucho!

- *Concede responsabilidades a los niños*: se sentirán útiles y verán reconocidos sus esfuerzos.

- *Sé accesible, sobre todo cuando te necesiten.*

- *Demuéstrales que para ti todo lo que hacen es importante.* Habla con ellos de lo que les interesa y, sobre todo, de sus actividades. Participa o asiste, en la medida de lo posible, a las competiciones en que participen, las actividades escolares, los ensayos, etc.

- *Emite juicios y valoraciones evitando decir: «Haz esto, haz aquello. ¡Quiero que seas así!».* Prueba a describirlos partiendo de alguna experiencia que te haya ayudado a crear tus convicciones y contándoles en qué te has basado al tomar una decisión. Hazles entender además qué se esconde en tus palabras y en los sentimientos que expresas.

- *Pasa algo de tiempo con ellos.* ¡Es estupendo compartir con alguien tan importante sus actividades preferidas!

- *Habla sobre sus problemas sin culparles o hacer los acostumbrados comentarios sobre el pésimo carácter de uno o de otro.* Así es como funciona: si los niños saben que tienen un problema, pero no sienten que se les va a criticar, se pondrán con mayor facilidad a buscar una solución.

- *Utiliza frases y expresiones constructivas.* Por ejemplo: «Gracias por la ayuda», «Ha sido una idea excelente». Evita frases que puedan disminuir la autoestima, como por ejemplo: «¿Por qué eres tan tonto siempre?», «¿Cuántas veces te lo he dicho?», «¿Tengo que volver a decírtelo?».

- *Demuestra siempre lo importantes que son para ti.* Diles que son terremotos y que les quieres muchísimo.

A propósito del amor: estas reglas también funcionan maravillosamente en la relación con la pareja. En el fondo todos somos como niños... ¡Pruébalo, si no estás convencido!

Escuela y autoestima

Reducir los factores estresantes en la escuela

La escuela también puede provocar ansia y frustración a quien asiste a ella. Intentemos ver qué remedios pueden aplicarse y cómo se puede reaccionar positivamente. El estrés tiene dos enemigos fundamentales:

— la alimentación nutritiva y equilibrada;
— la práctica regular de una actividad física.

Y, ¿qué más se puede hacer, en qué aspectos se puede actuar?

Mejorar las relaciones con los demás

• Encuentra a tu chico/a.

• Pasa algo de tiempo con los amigos. ¿Por qué has de esperar a la tarde del sábado para salir a divertirte? Mejor cambia continuamente sin fijar los días ni establecer los momentos para distraerte.

• Adopta un cachorro: cuidar de un animal doméstico mejora la vida de su amo. Puede proporcionar momentos de evasión y ser también un apoyo válido.

• Mejora tu comunicación: superarás muchos obstáculos.

Cuidar del cuerpo

• Tómate un descanso. El momento «justo» es después de comer. Basta con media horita para cargarte las pilas. ¡Es un remedio tan antiguo como el mundo!

- ¡Sonríe! Los músculos que participan al sonreír están conectados a una zona del cerebro donde se producen sustancias que provocan una sensación de bienestar.

- ¡Nada de alcohol! Aumenta la presión y la agresividad. Además daña las células cerebrales, con lo que favorece el estrés en lugar de combatirlo.

- ¡Cuidado con el café! La cafeína es un excitante. Sin darte cuenta puedes llegar a alcanzar niveles perjudiciales para tu organismo.

- ¡Deja de fumar! ¡Sabes que puedes!

Mantener activa la mente

- Cuida tu esfera espiritual. ¿Cómo se hace? Comienza por detenerte unos minutos para pensar en ti mismo, luego todo vendrá por sí solo. Inténtalo.

- Cultiva una afición, ocupa tu mente en algo que te guste hacer.

- Cambia tu actitud mental. Puede resultar suficiente para reducir el estrés. Si estás obligado a largas pugnas por la mañana con los medios de transporte públicos, intenta dedicar ese tiempo a la reflexión personal.

- Organízate lo mejor posible para ser más eficaz en tus actividades. Basta con empezar.

- No te regodees en los errores y fracasos: así evitarás sentimientos de culpa y remordimientos. ¿Nunca has oído que «de los errores se aprende»?

- ¿Mejor pesimismo u optimismo? Ni uno ni otro. Sin embargo, mucho mejor si el optimismo tiene su razón de ser y el pesimismo no es perpetuo.

- ¡Hazte oír! Expresa siempre tu punto de vista como debas.

- Expresa la rabia de forma constructiva. No sirve de nada gritar y aún menos ser agresivo.

- Para eliminar el estrés, la angustia y la frustración (escolar o no) puedes partir de todo lo dicho en el capítulo anterior, teniendo en cuenta lo que te resulte más cercano y, por tanto, las actitudes que sueles tener.

- ¿Autoestima? Sí, gracias. Recuerda que equivocarse es de humanos, pero perseverar es diabólico; supondría una nueva equivocación dejar que nuestros errores pasados nos gobernaran hoy.

Autoestima y manejo de los errores

Los estudios sobre las estrategias de aprendizaje confirman que los estudiantes extraen el máximo provecho de las clases y aprenden a trabajar de forma autónoma cuando logran ejercitar con regularidad el control o autocontrol de su aprendizaje. Si se alcanza este objetivo, se transforma rápidamente en valiosa autoestima. De ahí que en las páginas siguientes se haya incluido una hipótesis de trabajo expuesta claramente y capaz de ofrecer una oportunidad de reflexión incluso a los que no están dentro de la escuela.

La práctica didáctica cotidiana y la normativa escolar (como, por ejemplo, la supresión de los exámenes de recuperación) obligan a la escuela a hacerse cargo del problema de cómo continuar con el itinerario y de la individualización de la enseñanza. El programa para manejar los errores y la autoestima que aparece a continuación está compuesto por puntos importantes como:

— la completa transparencia del recorrido didáctico;
— la negociación de los objetivos por parte del claustro de profesores;
— la reflexión de los estudiantes sobre sus procesos de aprendizaje.

INICIO DE LA AUTOEVALUACIÓN

Destinatarios:

— estudiantes de los institutos de secundaria;
— un claustro de profesores que haya comprendido la importancia de la capacidad de reflexionar sobre cada itinerario cognitivo.

Las necesidades fundamentales de los alumnos:

— sentirse gratificados durante su aprendizaje;
— evitar la desmotivación y el fracaso (sobre todo si se presentan frecuentemente);
— sacar el máximo partido al tiempo dedicado al aprendizaje.

Los objetivos prioritarios para los estudiantes:

— saber reconocer los errores;
— poder distinguir entre los diversos tipos de errores;
— averiguar el proceso que ha determinado el error;
— saber exponer eficazmente estrategias de autocorrección;
— saber valorar el propio método de estudio con sus diversos componentes.

(continúa)

Aprender a autoevaluarse para que sean conscientes de sus errores
El profesor:

— prepara el examen según el tema que pretende exponer;
— deja claro lo que se va a exigir y el modo de alcanzarlo.

Los alumnos:

— realizan la prueba (sólo después se les facilita la «clave»);
— cada uno por su cuenta, en casa, comprueba los errores cometidos.

Fase en la que se comparten los errores
El profesor:

— presenta a la clase el guión sobre el tema objeto de la prueba;
— presenta un cuestionario con los tipos de errores.

Los alumnos:

— acompañados por el profesor, recorren las fases de ese aprendizaje;
— rellenan individualmente el cuestionario sobre la «tipología de los errores»;
— clasifican individualmente los errores;
— elaboran una tabla que muestra la frecuencia de los tipos de errores de toda la clase;
— cada uno constata su tipo de error;
— junto al profesor discuten sobre los errores y las dificultades encontradas.

Potenciar la capacidad de manejo de los errores
El profesor:

— prepara ejercicios diferentes y con miras al cuestionario de la tipología de errores;
— entrega un examen final sobre el mismo tema señalando los objetivos del trabajo y su puntuación.

Los alumnos:

— intentan hacer la actividad de refuerzo con la posibilidad de pedir posteriormente ayuda al profesor;
— se dedican al examen;
— se corrigen y califican;
— comparan los exámenes y registran las diferencias entre los evaluados y los autoevaluados;
— rellenan y actualizan un diagrama cartesiano para marcar los resultados de las pruebas autoevaluadas y evaluadas;
— responden al cuestionario «¿Por qué he fallado?» (véase pág. 79);
— hablan sobre todo esto con el profesor.

CUESTIONARIO
¿POR QUÉ HE FALLADO?

Presentamos ocho categorías en las que el estudiante puede encontrarse y aumentar su concienciación para evitar repetir errores. Atención: este camino, completo y listo para ser recorrido, puede ayudar al padre, a quien nadie ha hablado nunca de métodos de estudio, cuando se encuentra frente a las observaciones negativas de los profesores («el alumno no sabe estudiar»). Siguiendo estos puntos, el padre puede intentar acompañar al hijo en la profundización de su modo de actuar ante una prueba.

Comprensión
— No he entendido la explicación. ❏
— El profesor no ha explicado bien la lección. ❏
— Tenía demasiadas lagunas en mi preparación. ❏

Atención
— No me concentré durante el examen. ❏
— No leí con atención qué se me estaba pidiendo. ❏

Aplicación
— No practiqué lo suficiente. ❏
— No logré demostrar lo que sabía. ❏

Responsabilidad
— Estudié poco. ❏
— No asistí a clase y no me preocupé de recuperar lo perdido. ❏

Seguridad
— No estaba seguro de la respuesta. ❏
— Me quedé bloqueado, estaba muy nervioso. ❏
— Temía no llegar al fondo. ❏
— No recordaba la solución correcta porque........... ❏

Tiempo
— El examen era muy largo. ❏
— Me detuve demasiado tiempo en algunos puntos. ❏

Léxico
— Quería decir todo lo contrario. ❏
— Las preguntas no estaban planteadas claramente. ❏
— No entendía bien el lenguaje. ❏

Otros
— No entiendo nada sobre esa asignatura. ❏
— Los compañeros me distraían. ❏
— No me soplaron la respuesta correcta. ❏
— La mente se me quedó en blanco. ❏
— No estaba bien. ❏

Cómo conseguir aumentar la autoestima en clase

Un alumno con una autoestima óptima no abandonará con facilidad esa postura y deseará probar continuamente nuevas experiencias: es muy probable que logre el éxito en lo que haga. La autoestima se confirma a medida que se obtienen éxitos y por esto, al comienzo de cada año escolar, los profesores y los padres deberían intentar crear un ambiente positivo y propicio para todos.

A continuación se van a exponer instrumentos y posibilidades de uso inmediato tanto por parte de los educadores como de los padres, todo ello dirigido a la promoción de la autoestima en los alumnos. El éxito de estas actuaciones hará menos pesado el ambiente en clase y en casa, contribuyendo así a una disminución general del estrés en todas las personas involucradas.

• La primera actividad consiste en la presentación del día, por parte de los profesores, de forma que se desarrolle un auténtico interés por los diversos momentos y actividades.

• Todas las actividades que siguen a este momento de presentación implican la búsqueda de información interesante por parte del alumno, información ligada a lo que contempla el programa del día y, más en general, al programa escolar. Todo esto se traduce en una comprensión, en los niños y adolescentes, del significado de las propias acciones, que a su vez se traduce en un aprendizaje sin duda eficaz. ¿Por qué? Porque se ha desarrollado todo en un ambiente favorable, siendo conscientes de este punto.

• Hay que tener en cuenta que, en las guarderías, las educadoras dirigen generalmente las actividades y que, durante la educación infantil (entre 3 y 5 años), los niños, reproduciendo lo que el profesor les ha presentado como modelo, a menudo comienzan a completar el recorrido solos, experimentando. De este modo se contribuye, en primera persona, a la formación de un buen concepto de sí mismos.

ACTIVIDAD: YO SOY ASÍ

Esta actividad se puede proponer en diversos grados escolares: desde la guardería hasta la escuela secundaria.
Objetivo: se trata de que el alumno construya un libro con una descripción de sí mismo que le permita presentarse a toda la clase. A través de este libro-instrumento se mejora la relación entre los compañeros, con grandes ventajas para la autoestima y el conocimiento y reconocimiento de los demás.

(continúa)

La primera labor será identificar de forma clara qué hace único a cada uno con respecto a los otros.

Los alumnos dispondrán de un poco de tiempo para hacer comparaciones con los demás, para que puedan después decidir qué les hace realmente parecidos o diferentes a los otros compañeros.

Las habilidades necesarias tienen que ver con la comunicación oral, la capacidad de expresarse adecuadamente con lápices y colores, y la facultad de escribir correctamente.

Los materiales: un cuaderno con las páginas blancas, pinturas de colores, tijeras, pegamento, papel de *collage*, témperas, goma y lápiz.

Todos los días de la semana se dará al alumno una hoja en blanco para que escriba una frase. Si el niño o el adolescente no lo hace, el profesor puede dictarle o escribir un dato. Llegados a este punto, los pequeños y los mayores pueden ilustrar la frase dando rienda suelta a su creatividad.

Durante todo el año se archivan estos trabajos de forma organizada, para que se puedan elegir las páginas más eficaces para la descripción de uno mismo. Cuando se considera que se tiene suficiente material, se encuaderna el libro, para que sea agradable y se pueda utilizar. Sobre la tapa de cada uno estará escrito el nombre del alumno que se presenta.

En el interior, en la primera página, aparecerán también los nombres de los familiares, de los animales domésticos, de los amigos, etc. (con las caricaturas correspondientes, anécdotas, «frases célebres», etc.).

Para lograr dar una impresión de mayor orden, cada página contendrá datos precisos sobre aspectos importantes de la vida del alumno:

- Mi familia

....
....
....
....

- Me gusta

....
....
....
....

- Considero muy importante

....
....
....
....

(continúa)

- Soy muy bueno en

....
....
....
....

- Espero

....
....
....
....

- Quiero contar a mis compañeros de clase que

....
....
....
....

- Otros

....
....
....
....

Autoestima: un puente entre la escuela y el trabajo

Tan sólo desde hace unos años parece que la escuela se está abriendo al mundo del trabajo, en la medida en que muestra la realidad productiva con iniciativas tendentes a aumentar, en los estudiantes, el conocimiento de las condiciones en que tendrán que moverse.

Los primeros en esta iniciativa fueron las escuelas profesionales, las facultades universitarias (ante todo, por cercanía, por exigencias de formación de las nuevas hornadas, más presentes en talleres que en obras o pasillos de hospitales). Así se ha creado una experiencia nueva que el estudiante puede disfrutar, entrando de puntillas en el mundo del trabajo: podrá observar a su alrededor, medir las condiciones externas, calibrar sus propias habilidades (y competencias), formular hipótesis sobre su futuro.

En el momento preciso del paso del mundo escolar a la realidad laboral es importante que la percepción de uno mismo vaya guiada por figuras adultas especialmente adiestradas en el trato con jóvenes, que todavía no tienen «los pies afianzados sólidamente en la tierra». A estos «tutores» se les pide respeto a la personalidad del alumno y, al mismo tiempo, que presenten el mundo laboral tal y como es. De resultas de esto, el joven podrá considerar la realidad laboral que afronte como dura, gratificante, insatisfactoria, inadecuada para lo que tiene en mente. ¡Estupendo! La escuela y el mundo laboral, juntos, habrán permitido al estudiante un autodiagnóstico preventivo, es decir, una medición sobre el terreno de las propias motivaciones y expectativas, sin esperar al duro impacto del primer día de trabajo —una vez graduado—, pero dándole una oportunidad de medirse anticipadamente.

La autoestima del joven despierta de forma tranquila, con la posibilidad de ajustarse a sí mismo según las respuestas internas y externas.

No hay que pensar que dejar que «meta las narices», sin darle la posibilidad de reconsiderar y de volver a probar o proyectar, sea bastante para hacer que el joven abra los ojos. Solamente se devanará los sesos.

En la fase de aprendizaje, prácticas o visitas guiadas es necesario ofrecer a los estudiantes la posibilidad de relacionarse con las personas, medios y ambientes de forma gradual pero real, concreta, sin falsas facilidades que luego se evaporarán cuando se haya firmado el contrato.

Y no sería mala idea extender esta iniciativa a todos los estudios superiores, para permitir al joven salir de clase, tomar contacto con la realidad laboral, sea la que sea. También tendría que plantearse en los institutos: cualquier trabajo contempla, de hecho, requisitos previos que todas las personas de este mundo deben poseer o al menos respetar:

— horario;
— plazos de entrega;
— ritmo de producción;
— respeto a las personas;
— respeto a las consignas recibidas;
— aplicación a la hora de resolver los problemas que se presenten;
— saber pedir ayuda a alguien competente;
— responsabilidad personal al realizar lo que se pide;
— autonomía creciente;
— fiabilidad/aumento de los conocimientos;
— flexibilidad en diferentes tareas o disponibilidad para aprender modos de actuar nuevos;
— espíritu de colaboración;
— capacidad para aguantar las frustraciones.

El buen estudiante que se creía capaz de afrontar sin la necesaria preparación un cierto trabajo en el mundo laboral, tendrá que repasar su autoestima a la luz de la nueva realidad. No tendrá que plantearse «todo»: bastará con que se pruebe en algún ámbito y planifique modificaciones en diversos campos del saber, hacer, ser.

Es necesario hablar de la nueva formación que los jóvenes de hoy en día deben madurar para poder acceder satisfactoriamente al mundo del trabajo que les espera: saber proyectar, trabajar, probar *en grupo*. «Grupo» es la nueva palabra mágica del 2000. Grupos en la calle, en la discoteca, en el cine, en el trabajo. ¿Grupos formados por quién? Grupos de personas de diferentes razas, culturas, religiones, procedencias; grupos formados por quien está al final de la propia vida laboral y quien está dando apenas los primeros pasos; grupos de personas empleadas a media jornada, en prácticas, interinas (véanse también las páginas 105 y 106).

¿Cómo haremos para aprender este nuevo modo de ser, de hacer, de estar en grupo, precisamente? Comenzando por promover proyectos comunes a los niños de estrato social y procedencia geográfica diversa, desde la guardería. Después, se ha de continuar la formación a través del intercambio: viajes, aprendizaje de lenguas, conocimiento recíproco entre familias de orígenes y culturas diversas, etc. Todo esto nos conduce a la urgente puesta al día y formación del personal docente de las escuelas. Personal que debe estar listo —sin excepción— para esta nueva empresa: aprender y hacer que se aprenda a estar en grupo eficazmente.

¡A veces no es tan fácil!

El «debería», un tirano al que prestar atención

Debería:

— ganar más dinero;
— ser el mejor padre para mis hijos;
— ser el mejor en mi profesión;
— tomar siempre la decisión correcta;
— saber exactamente qué hacer siempre;
— sentirme siempre entusiasmado y con mucha energía;
— ganar siempre con mis argumentos en mis relaciones con los demás;
— estar siempre al máximo de mis posibilidades en cualquier cosa.

DIÁLOGO VIRTUAL: MIS «DEBERÍA»

Sin duda se te ocurren otros «debería». ¿Cuáles?
....
....

¿Quién te dice que debes ser perfecto?
....
....

¿Es posible para ti vivir con tus «debería» y al mismo tiempo mantener tus expectativas personales?
....
....

(continúa)

Plantearte grandes modelos o de forma excesiva es una situación que no conduce al éxito; es más, te coloca como el primero de los perdedores. ¿Qué piensas de eso?

....

....

Los modelos inalcanzables conducen sin duda a una baja autoestima y además te empujan a tener otros más inalcanzables. ¿Compartes esta opinión?

....

....

Intenta comprobar si por casualidad te has metido en un círculo vicioso que te lleva a no apreciarte nunca lo suficiente.

....

....

¿Qué más se te ocurre a menudo sobre esta tiranía?

....

....

DIÁLOGO VIRTUAL: CUANDO ME DIRIJO A MÍ MISMO...

¿Con qué apelativos me refiero a mí mismo?

....

....

Cuando cometo un error generalmente digo:
• «¡Qué idiota! ¿Cómo puedes ser tan estúpido?». Mis palabras son:

....

....

• «¿Es que no puedes hacer nada bien? ¡Eres un perdedor!». Mis palabras son:

....

....

(continúa)

- «¡Otra vez con lo mismo! No lo has conseguido tampoco esta vez». Tengo que decir a esto:

....
....

¿Quién me ha hablado así en el pasado? ¿Quizá alguien importante para mí desde el punto de vista afectivo? ¿Quién concretamente?

....
....

¿Cuándo, cuántas veces, en qué época de mi vida?

....
....

Buenos propósitos «a discreción»

¿Perteneces a esa nutrida multitud de aquellos que pretenden cambiar el mundo a partir de mañana? No pasa nada. Hay también una manera de escaparse de esta idea. Quien lo deja todo para «mañana» es partidario de retrasar todo, una persona que, aunque tenga la oportunidad de hacer algo hoy, prefiere o... no puede hacer otra cosa que dejarlo todo para después. Existen personas así, que retrasan un corte de pelo en la peluquería, pero también quien se encuentra con sanciones penales y judiciales gravísimas por haber aplicado este principio incluso a su profesión o vida de pareja.

Se debe intentar decir «hoy», pero si hoy está demasiado lejos y es, por tanto, poco eficaz, será conveniente dividir el hoy en muchos «ahora hago esto», «ahora son las x + 10 minutos y hago esto», «ahora (x + 50 minutos) hago esto otro», y así sucesivamente.

¿Cómo puedo aumentar mi autoestima si no logro llevar a buen puerto ninguna tarea? Este es un buen ejercicio: mirar en un «cajón» de la propia vida y comprobar qué hay que ordenar. En la práctica, puede ser un cajón auténtico, por ejemplo el del escritorio: pronto se descubre que hay una carta que mandar, un sello que reparar, el cartucho del boli que cambiar, etc. Si se trata de un cajón de la cocina, se nos ocurrirá alguna otra cosa que estamos retrasando desde hace tiempo y que si se hubiera hecho (realizado, reparado) nos habría dejado algo más satisfechos con nosotros mismos. «¿Queda algún trabajillo por terminar? Lo he dejado a medias hace mucho/poco tiempo. Estaría bien que me dedicara a terminarlo».

¿Qué significa para nuestro cerebro acabar con alguna cosa, por mucho esfuerzo que nos suponga? Supone cerrar una ventana que, si se queda abierta, impide centrar la atención sobre otra cosa que podría ser incluso de vital importancia.

He fracasado en este trabajo: ¡ya vale!

¡Atención! Para mantener las cosas en silencio («Me apetece, pero no vuelvo a probarlo... Ya me ha pasado de todo») debemos sacar el máximo de nuestras energías. Es como si pagásemos de nuestro bolsillo a un guardia jurado con el deber de hacer callar a los deseos, sufrimientos, desilusiones, aspiraciones, etc. ¡Mucho mejor gastar nuestras energías en sentirnos realizados!

Los buenos propósitos «a discreción» forman por supuesto parte de la época infantil, en la que se nos concedía jugar incluso con las promesas, sobre todo con Papá Noel o los Reyes Magos. La mayoría de las veces se nos perdonaba si no habíamos cumplido con nuestra palabra, si a las promesas no les habían seguido los hechos. Ya no somos niños, ciertamente podemos jugar todavía, pero no con las promesas y, sobre todo, con las que tienen que ver con nosotros mismos.

DIÁLOGO VIRTUAL: PROBLEMAS, EXCUSAS, FALSAS CONVICCIONES, HERENCIAS, CREENCIAS, MIEDOS... ¿POR QUÉ LOS ESCUCHAS TODAVÍA?

Podrías sin duda plantearte otros «debería». ¿Cuáles?

....

....

No puedes cambiar tu pasado, pero sí que puedes cambiar el mundo que te rodea ahora mismo. Comienza enseguida. ¿Por dónde?

....

....

Puedes comenzar elaborando una larga lista con todas las cosas buenas que has hecho hasta hoy.

....

....

Repréndete por decir continuamente cosas negativas sobre tu personalidad. ¿Cuáles?

....

....

(continúa)

Grita en voz alta: «¡Basta!». ¿Basta de qué?

....

....

Piensa en la lista de objetivos que tienes ante ti. Con claridad:

....

....

Revisa tu lista de «cosas que deberías hacer» y convéncete de que es mejor ser algo menos que perfecto. ¿En qué casos?

....

....

Intenta estar orgulloso de lo que has hecho y de aquello sobre lo que estás trabajando con ilusión. ¿Por ejemplo?

....

....

¿Y qué más?

....

....

¡Qué mundo tan feo y malvado!

¿Cuántas excusas antiguas y nuevas encontramos para no cambiar? Decía alguien que «se cambia más fácil de religión que de marca de café preferido». Cuántas resistencias, justificaciones, marchas atrás, retrasos, replanteamientos, olvidos, excusas, y, además, ¡quien más tiene, más acumula!

A menudo nos quedamos atrapados dentro de una dinámica, es decir, logramos pararnos durante periodos muy largos en un estado emocional provocado por un determinado acontecimiento (generalmente desagradable) que nos ha conmovido, sacudido, amenazado en nuestras más profundas seguridades. Y en ese punto, para no estar peor, ponemos en marcha una serie de mecanismos de defensa, de forma completamente inconsciente, o bien nos abandonamos voluntariamente y nos decimos: «¡Es mi decisión!» (pero la verdadera razón, según la moderna psicoterapia, puede residir en otro sitio).

¿Qué significa «abandonarse voluntariamente»? Significa, por ejemplo, tener «fijaciones» (que en realidad sólo son síntomas) y quizá vanagloriarse, hablando en voz alta de ellas y sosteniendo que no se puede hacer otra cosa. Suele suceder que las personas que no desean el anonimato tienen una debilidad, un gran defecto («Adoro no hacer nada», «Sin mis cigarrillos me moriría») del tipo: «Es superior a mis fuerzas». Es peligroso entrar en este círculo, muy arraigado y que a menudo se difunde por decisión propia, fuerte carácter, preferencia absoluta, etc.

Otros, en cambio, renuncian a luchar, porque ya han decidido que «eso de ahí fuera es la jungla». Hay quien, por el contrario, enseña a los niños a defenderse y a atacar a su vez, porque «es una cuestión de supervivencia».

Los que renuncian a luchar lo hacen generalmente:

— «Porque no soy capaz, no lo conseguiré nunca»;
— «Porque, total, es inútil, jamás seré capaz de combatirles».

¿Cómo se puede controlar el miedo?

Buscando puntos de referencia, apoyándose en alguien o en algo. ¿Qué comportamiento me puede dar seguridad cuando me doy cuenta de que tengo miedo? Evitar, por ejemplo, un determinado lugar, persona o cosa, porque me hacen sentir a disgusto.

La seguridad me vendrá dada por la repetición de acciones que me dan ánimos: así lograré alejarme del malestar. Sólo si recorro una, dos, tres veces un cierto paso (como si fuera un rito) o bien sólo si reacciono de una manera muy precisa, estaré bien; de lo contrario, me pondré nervioso.

Hay quien usa psicofármacos, no haciendo otra cosa que trasladar (es decir, apartar de los ojos) el problema.

Cualquier decisión o falta de decisión entre las mencionadas conduce a un beneficio temporal, al que la persona no puede renunciar. En casos de mayor gravedad, esa persona no intentará siquiera salir de la condición en que se encuentra.

Y esto nos lleva de nuevo al inicio de nuestra discusión.

Timidez y autoestima

¿Se nace o se convierte uno en tímido? Como en los demás casos, la psicología se divide en dos escuelas de pensamiento opuestas: unos a favor de la primera hipótesis y otros a favor de la segunda.

En la definición de timidez encontramos la autoestima. La timidez se define como la tendencia a estar a disgusto, por falta de confianza en uno mismo, frente a desconocidos. Se manifiesta con un comportamiento especialmente inhibido en las situaciones-estímulo de tipo social, por lo general cuando la persona es el objeto de atención. No hay que creer, sin embargo, que una persona considerada fuerte, no sea en el fondo tímida. Las circunstancias pueden ser diversas, como diversas pueden ser las reacciones a lo largo de la vida. Para el psicoanálisis, la timidez es una inhibición del deseo de mirar. Y bien, ahora que lo sabemos, permitámonos mirar, gozar, abandonarnos y gustarnos antes de nada.

Debemos preocuparnos cuando la timidez provoca sufrimiento, en especial cuando lleva a la persona a perder las oportunidades que la vida le ofrece (contactos, experiencias, etc.). Quien se haya convertido en tímido por un exceso de experiencias negativas debe saber que no se puede salir a través de un proceso gradual. Tendrá que recorrer la vida con otra orientación y no desanimarse si le parece que vuelve al punto de partida después de haber solucionado aparentemente el problema. No parte del mismo punto, porque ha aprendido algo: la próxima vez irá mejor.

No conviene apoyarse en una persona fuerte para conseguirlo: ¿quién ha dicho que una persona tímida es débil?

¿Qué se puede hacer?:

• Compartir responsabilidades puede constituir el medio que conduzca a la desinhibición. Así que se trata de «desaprender» a ser tímido aprendiendo técnicas, métodos, actitudes que lleven a la afirmación de uno mismo sin incurrir en las acostumbradas inhibiciones.

• El adulto no debe forzar al niño que tenga manifestaciones o expresiones tímidas, porque en ese momento necesita de la timidez para su equilibrio.

• Seguir hablando, comunicando, expresándose con las personas que no consideran el problema como algo molesto. Este comportamiento favorecerá también el desarrollo, el reforzamiento y la desensibilización.

• Expresarse a través de algún tipo de comunicación no verbal.

• Si el miedo es difícil de superar, intentemos vivir siendo los primeros en querernos.

• Superar la timidez de un golpe es difícil. Se trata de un proceso. Será quizá mejor preguntarse: «¿Cómo puedo llegar a ser más seguro en determinadas ocasiones?». Existe una regla de oro, aplicada mucho antes de que la psicología se reconociera en el mundo académico. Practiquemos con alguien que sea más tímido que nosotros, los resultados no tardarán en aparecer.

• Recordemos las normas de condicionamiento: cuanto más tiempo transcurra para hacer una cosa, más seguros estaremos al hacerla.

No perder las oportunidades que la vida nos ofrece. No rechazar nunca un «paso» (metafórico). No sabemos de dónde podremos obtener la fuerza o la claridad, por eso tenemos que considerarlo todo.

Intentar comprender las causas de la inhibición.

No rechazarnos por ser demasiado críticos en nuestras relaciones. Quizá seamos rígidos porque no aceptamos algunos supuestos (la timidez en este caso nos defiende de ciertas cosas).

Entender que a veces nos alejamos justamente del objeto más deseado. Nos ponemos rojos, temblamos, nos sentimos confusos, porque tenemos al alcance de la mano lo que más deseamos y queremos poseer.

Si otros, dentro de la familia, siguen siendo tímidos, es también porque pertenecen a generaciones que no tenían la oportunidad de salir que tenemos ahora nosotros.

Y si son de nuestra misma edad o más jóvenes, no temamos enfrentarnos con ellos, démosles una lección, comuniquémonos más y hagámonos fuertes con quien conozcamos bien.

«Cuando se juega duro...»

Aprender a decir «no»

¿Por qué decir «no»? «¡Porque estoy cansado de sentirme mal y quisiera estar un poco mejor!».

A qué o quién hay que aprender a decir que no:

— al perfeccionismo excesivo;
— a las responsabilidades excesivas;
— a las horas de trabajo excesivas;
— a tener siempre el ánimo bajo;
— a las fantasías negativas: «¡Ya no soy así!»;
— al miedo a amar, la confianza, la intimidad;
— al miedo a ser abandonado;
— a un falso Yo que me he inventado;
— otros.

¿Cómo lograr decir que no?

En primer lugar, se pueden aprender expresiones que no sólo liberan sino que son del todo saludables:

— «Estoy enfadado contigo, porque...».
— «Estoy enfadado, porque las cosas no han salido como yo quería o deseaba».
— «Estoy enfadado, porque mi hijo se ha portado muy mal».
— «Me llevo mal con todos. En primer lugar, con X porque... y luego con Y porque...».
— «Estoy enfadado, porque no estás nunca a mi lado para apoyarme cuando te necesito».
— «Estoy enfadado, porque no se me respeta; tú, porque...; los otros, porque...».

Poner límites

Las llamadas «barreras» se colocan, incluso si somos convencidos defensores del amor libre o de la necesidad de salvar al oso panda en vías de extinción. ¿Por dónde empezar? Debemos colocar las «barreras» antes de nada y de manera visible a nuestro alrededor de forma que no nos arrastren y ofendan (incluso involuntariamente). «Sólo tengo diez minutos para dedicarte...», sin sentirnos culpables por esto. ¿Y si en cambio uno se siente culpable? Prueba a colocar las «barreras» aunque no estés muy convencido.

Atención: a menudo somos propensos a dar, sin límites de tiempo u otras condiciones, porque consideramos que, al hacer esto, los demás no nos abandonarán nunca. ¡Qué equivocación! Es bueno aprender a usar la palabra «no». En primer lugar tengo que cuidar de mí mismo. Comienzo diciendo:

— «¡No! No estoy de acuerdo con esto, eso y aquello».
— «Prefiero no hacerlo así».
— «Lo siento, pero te digo que no».
— «No, hoy no quiero comer aquí».
— «Aunque sé que no te gusta esa persona, yo la encuentro encantadora...».
— «Si tienes algún problema con él, te tienes que dirigir a él y no a mí».
— «Lo siento, pero no debes hablarlo conmigo, tendrás que discutir este problema con él».

Se trata, en definitiva, de aprender a actuar con determinación.

Una última consideración sobre el «no»

No esperes que las personas cercanas, las que piensan que te conocen mejor, estén dispuestas a abrazarte cuando comiences a levantar la cabeza diciendo que «no». Serán muy pocos los que quieran reconocer esa parte de ti que está cambiando, ¡realmente muy pocos!

Todo esto dificultará tu recorrido. Prueba a verlo bajo este prisma: «Es una nueva disposición a la que los demás no estaban acostumbrados. Tengo que darles tiempo y que sepan cómo adaptarse. Después todo irá como la seda».

Se trata, en definitiva, de descubrir qué somos realmente.

Pero ¿cómo podemos hacerlo si intentamos siempre seguir a los demás?

Si pongo «barreras», tendré más tiempo para mis cosas, me analizaré en los aspectos que más me interesan (familia, trabajo, deporte, música, etc.).

También aumenta la responsabilidad: decir «no me apetece» supone una afirmación de uno mismo, con la posibilidad de encontrar respuestas negativas.

Poco a poco, al aprender a decir que no y apreciar las implicaciones positivas de tal aprendizaje, disminuirán los sentimientos de culpa. ¿Cómo haré para que estos no me hagan daño? De manera automática: primero estaban determinados por el hecho de que necesitaba decir sí, porque de lo contrario no me sentía bien. Ahora, en cambio, soy libre de decir sí o no.

Reconocer las respuestas de vuelta (*feedback*)

¿Por qué?:

• Si no se controlan las respuestas de vuelta, es muy probable que mi imaginación haga de las suyas haciéndome perder el sentido de la realidad.

• Si pongo un filtro negativo en mi mente, corro el riesgo de exagerar de manera igual de negativa mis pensamientos en todo lo que concierne a mi persona.

• El pensamiento y las respuestas de vuelta me asustan cuando espero una confirmación de las suposiciones más incomprensibles (elaboradas por mí mismo).

• El *feedback* en tiempo real es el más objetivo y me sorprendería además comprobar lo positivo que es.

• Como en cualquier negocio, también yo necesito una respuesta muy precisa de mis interlocutores, sobre todo por parte de los «consumidores» de mi rendimiento (amigos, colegas, jefe, etc.).

• Es mejor que piense también en los *feedback* negativos: puede que los reciba, como les sucede a todas las personas en el mundo.

• La clave del éxito está en hacer hincapié especialmente en los *feedback* positivos y programarme para desarrollar y mejorar otras áreas de mi comportamiento.

• Debo intentar hacer uso regular del *feedback*, para mantener la perspectiva de hacia dónde me estoy dirigiendo.

• Mi autoestima está destinada a aumentar en la medida en que me dé cuenta de lo fácil que es gustar a la gente. ¡No debo olvidarlo!

Autoestima y narcisismo

Una buena dosis de autoestima permite a la persona quererse de forma equilibrada, reconocer sus propios méritos y límites, y la hace capaz de poder aprender de las experiencias positivas, así como de los propios errores.

No se trata de repetir cada día, al menos durante un mes, «soy una persona maravillosa», como en cambio aconsejan las teorías sobre el Pensamiento Positivo, sino quizá de algo mucho más sencillo, de decirse «yo soy también otro ser humano como todos los demás que me rodean». Este es el primer reconocimiento de uno mismo: pertenezco al género humano, y como tal, tengo potencial, capacidad y límites. Puedo tener una mayor o menor autoestima, puedo tener relaciones y momentos para estar conmigo mismo, solo.

Soy único e irrepetible.

Antes de reflexionar sobre el hecho de que cada uno de nosotros es único e irrepetible, hay que preguntarse cómo perseguir un buen nivel de autoestima sin caer en un excesivo narcisismo.

Según los psicólogos, es precisamente el narcisismo, o, lo que es lo mismo, lo que pensamos saber sobre nosotros y el consecuente modo de comportarnos, el que regula el nivel de autoestima personal.

¿Recuerdas el mito de Narciso? Se quería tanto que no dejaba de mirarse en el espejo, admirarse, complacerse hasta caer y ahogarse en el lago en donde se estaba mirando.

EL MANUAL DEL... PERFECTO NARCISO

1. Con el fin de mantener la autoestima al máximo rechaza psicológicamente todo lo que le molesta y le distrae. Utiliza el mecanismo de defensa que se llama negación y suprime los datos de la realidad. Ejemplo: considerar, después de varios incidentes con el coche, que no se tiene ninguna posibilidad de tener accidentes, puesto que se pertenece a una familia de hábiles pilotos.

2. Usa el mecanismo de la racionalización: justifica algo equivocado atribuyendo la culpa a circunstancias adversas («Fueron ellos los que...», «Lo que pasó fue...»).

3. Se siente superior, contando a los demás lo fuerte que es, lo invencible; tiene el síndrome de Supermán. Esta actitud tiene mucho que ver con la autoexaltación.

4. Tiene una visión rígida «blanco/negro» de la realidad: los éxitos son mérito del Narciso, los fracasos son culpa de los demás. No hay término medio, errores propios o, peor aún, dudas.

5. Considera los reconocimientos, felicitaciones, etc., como algo merecido obligatoriamente.

Si nos basamos en estos principios, la relación con los demás resulta superficial; ¿de qué serviría tener una relación auténtica con los demás? Los demás no existen o, como mucho, son aceptados si hacen bien su papel, es decir, admirar al Narciso.

El Narciso del mito se reflejaba en el agua y recibía una imagen de sí mismo que aumentaba su autoestima: joven, bello como un dios. ¿Cómo no iba a gustarse? Por su parte, el narcisista, especialista en autoestima, se refleja en los otros para recuperar una imagen positiva, pero, ya se sabe, los demás no siempre están dispuestos a devolver una imagen positiva de nosotros.

El campeón en exceso de autoestima se convierte, de este modo, en prisionero de un sentimiento creciente de angustia («¿Gustaré?») y de una fuerte incapacidad para aceptar las críticas («Me quieren destruir»).

Así pues, es mucho mejor reforzar la propia autoestima sin ligarla indisolublemente a lo que los demás piensan de nosotros y sin mantenerla en pie a partir de una consideración exagerada de nosotros mismos.

El antídoto

Hay que recordar que se pertenece al género humano y quererse con la convicción de ser único e irrepetible. Piénsalo seriamente: nunca ha habido nadie igual a ti desde que existe el ser humano (unos cuantos millones de años), ni lo habrá en el futuro. ¿No te basta?

Podrá haber alguien que se te parezca, que tenga tus ideas, tus intereses, tus miedos, tus debilidades, pero no será nunca igual que tú: único, irrepetible, y por eso mismo capaz de despertar respeto, cargado de dignidad, de misterio, de carácter sagrado.

Todo esto implica derechos y deberes: «contarse» a los demás con autenticidad. Ser consciente de eso y ser capaz también de reconocer estas características en los otros seres humanos mejora la calidad de vida.

Fortalecerse gracias a los logros alcanzados

La mayoría de las personas emplea muchas de sus energías psíquicas en recordar situaciones desagradables ligadas con el pasado. Si se utilizara la misma cantidad de energía en el presente, para ser más consciente de lo que se es ahora, en este mismo instante, esta otra actitud permitiría acoger y asumir una serie de acontecimientos positivos capaces de «fortalecer» la autoestima.

Aceptar una felicitación por una idea nuestra, por nuestro vestido, por nuestras habilidades en la cocina, no sólo aumenta nuestro «índice de agrado» personal («Así me gusto»), también aumenta la posibilidad de repetir un determinado comportamiento capaz de enviarnos señales positivas (*feedback* positivo).

El refuerzo conseguido, es decir, la felicitación recibida o la satisfacción experimentada, consigue que a ciertos estímulos intentemos responder de la misma manera, la que nos ha «obsequiado» con un pedacito de consideración positiva sobre nosotros mismos. De ese modo, crece la posibilidad de aumentar nuestra seguridad y, por consiguiente, de aumentar también nuestra autoestima.

Reconocer que se ha alcanzado un resultado positivo, buscado o inesperado, significa acogerlo sin reservas, sin recriminaciones («tendría que haberlo hecho antes») y sin críticas («podría haberlo hecho mejor»). Así, el refuerzo consiste en poder hacer hincapié en nuestras cualidades, nuestras capacidades, y, de ese modo, contribuir a ofrecer una imagen positiva de nosotros mismos.

Los demás pueden ayudarnos a fortalecernos. ¿Cómo? Por ejemplo, con las siguientes actitudes:

— felicitaciones por nuestro aspecto («¡Oye, estás guapísimo!»);
— felicitaciones por nuestro trabajo («¡Has estado muy oportuno con esa propuesta!»);
— felicitaciones por nuestra capacidad intelectual («¡Eres un genio!»);
— felicitaciones por nuestras dotes físicas («¡Tienes los ojos más bonitos del mundo!»);
— sonriéndonos (es decir, expresando «Me gustas»);
— valorando nuestras habilidades deportivas («¡Tu revés es formidable!»);
— otros.

¿Cuándo fue la última vez que una o más de estas afirmaciones te cargó las pilas? ¿Hace más de una semana, más de un mes?

Atención: quizá no estás muy atento a lo que los demás te dicen, o bien consideras que te dicen las cosas por amabilidad, sin merecerlas. ¡Te equivocas! No hace falta llamarse Albert Einstein para aceptar que te digan «Eres un genio en matemáticas».

Incluso nosotros mismos podemos fortalecernos. ¿Cómo? Por ejemplo, mediante la práctica de actividades que nos gusten especialmente (véase el recuadro de la página siguiente).

Reforzarnos, por tanto, para hacernos más fuertes. Utilizar refuerzos significa no sólo aumentar las energías propias y así la autoestima, sino también ser capaz de resistir los posibles «golpes» que la fortuna adversa nos tenga preparados.

A cada éxito, por tanto, le corresponde un refuerzo, una «palmadita en la espalda» para hacernos seguir derechos, de pie o sentados, pero en cualquier caso conscientes de nuestra valía.

REFUERZOS

A continuación presentamos una lista de cosas y actividades que pueden provocar alegría u otros sentimientos agradables. Intenta considerar qué factores son para ti fuente de satisfacción y utilízalos como refuerzo cuando has hecho bien algo o, al menos, has alcanzado un objetivo:

— compras;
— animales;
— escuchar música;
— tener razón;
— acontecimientos deportivos;
— bailar;
— niños;
— mujeres hermosas/hombres fascinantes
— bebidas;
— cantar;
— terminar un trabajo importante;
— dormir (o echar una cabezadita fuera del horario);
— ir a la iglesia;
— ser alabado;
— hacer el amor;
— darse un baño (en lugar de la ducha rápida);
— practicar uno o varios deportes;
— comida;
— jardinería;
— jugar con el perro o el gato;

— jugar a las cartas;
— observar bellos paisajes;
— leer;
— observar a las personas;
— paz y tranquilidad;
— hablar con los amigos;
— pasear;
— hacer feliz a alguien;
— resolver problemas;
— saber que alguien te pide consejo;
— sentirte perfecto;
— tocar un instrumento;
— televisión, cine, radio;
— ancianos;
— ver que alguien te sonríe;
— ropa (comprar algo que hace mucho que se desea);
— vencer una apuesta;
— otros ....
....
....
....

¿Con qué te quedas? ¿Qué funciona contigo? Después de leer la lista intenta considerar qué te está reforzando en este periodo. ¿Es eficaz tu sistema? ¿Podrías modificar algo? ¿Estás descuidando algo? ¿Estás cansado, apoltronado?

99

Los «pensamientos productivos»

Hemos visto cómo los pensamientos irracionales son perjudiciales para un concepto correcto de uno mismo y que lo mejor es poder pensar de manera realista. Precisamente la capacidad de pensar de forma realista favorecerá el flujo de ideas que valoran las características de cada uno y, de resultas, la propia autoestima.

Es necesario liberarse de pensamientos irracionales (y se puede hacer), por ejemplo, teniendo presente que:

— las emociones son el resultado de nuestros pensamientos sobre acontecimientos, no del acontecimiento en sí;
— las emociones extremas están provocadas por convicciones extremas;
— muchos pensamientos son automáticos;
— es posible aprender a manejar los propios pensamientos y, por tanto, las propias relaciones emocionales.

Pensar de manera más productiva conlleva saber reconocer nuestros pensamientos automáticos, es decir, los pensamientos que se asoman a nuestro diálogo interior, cuando nos hablamos a nosotros mismos.

«Eres el mismo tonto de siempre»: nos viene a la mente una situación en la que nos hemos sentido de determinada manera, tontos concretamente, y a través de un mecanismo automático transmitimos a nuestra mente una globalización y una generalización de un cierto hecho. Es una globalización, porque extendemos a toda nuestra persona el juicio relativo a un único episodio. Es como decir: acción estúpida = persona estúpida. Reconocer en dos situaciones diferentes algunas características o aspectos similares nos lleva automáticamente a la generalización, llegando así al continuo juicio negativo en cualquier circunstancia que se asemeje mínimamente a la original. Es importante, por eso, aprender a diferenciar las situaciones y los momentos, con el propósito de mantener en el justo equilibrio nuestra autoestima: «Hoy he estado menos brillante que ayer», «Se me da mejor el ordenador que las relaciones», etc.

Nuestros pensamientos derivan de nuestras convicciones, de lo que pensamos sobre nosotros mismos, de la opinión que tenemos en nuestras relaciones.

Ciertamente, también las personas importantes para nosotros en nuestra infancia (padres, familiares, profesores) han contribuido a formar la imagen que tenemos de nosotros mismos. Y también es cierto que, si sus afirmaciones fueron positivas, hoy nos hallaremos con una base sólida sobre la que construir nuestra autoestima, pero si fueron negativas, corremos el riesgo de habernos acostumbrado a ese mensaje y, por eso, a continuar confirmándolo a través de nuestro comportamiento.

«Sabía que saldría así, siempre tengo mala suerte»: una convicción negativa sobre nosotros mismos puede convertirse en una profecía que hacemos realidad. Concretamente nuestro comportamiento será tal —inconscientemente— que las cosas vayan justo como lo habíamos predicho, es decir, sin fortuna. Esto nos reforzará en nuestra convicción negativa, que, a su vez, dará origen a otras ocasiones para realizar la profecía.

De una buena opinión sobre uno mismo, en cambio, pueden desencadenarse expectativas que, al influir positivamente sobre nuestro comportamiento, lo harán más eficaz y nos harán capaces de alcanzar nuestros objetivos y, así, de reforzar nuestra autoestima.

Conviene entonces utilizar el pensamiento para aumentar la confianza en uno mismo, por ejemplo, imaginando algo que queremos lograr hacer y, aún mejor, acompañando la situación con imágenes de logro, éxito, etc.

Los pensamientos de autoestima son también los caracterizados por el optimismo.

Contar con una visión positiva de la vida y el mundo, ser optimista, es origen de bienestar, de creatividad; esta es importante en el proceso de autoestima, porque puede permitirnos, frente a obstáculos reales, encontrar alternativas capaces de eliminar la frustración («No puedo», «No me siento capaz») y de mantener alta nuestra autoestima.

Ahora pido ayuda

Hasta hace pocos años, la escuela (a cualquier nivel) nos enseñaba que «autonomía» significa «hacer las cosas solo» o, literalmente, «dictar uno mismo las normas». Luego se ha repetido hasta la saciedad, dentro y fuera de la familia, que con un poco de buena voluntad se superan todos los obstáculos y que no hay que ser perezoso.

Además, hemos oído decir que para llegar a alguna parte es mejor partir con un objetivo muy claro.

Probablemente nadie nos ha dicho que autonomía quiere decir también pedir ayuda.

Cada vez que en alguna conferencia o terapia me encuentro frente a este tema, pongo el ejemplo de una situación que he vivido muchas veces. ¿Con qué autonomía me las habría arreglado en los barrios chinos de Filadelfia o Nueva York, ciudad en la que estudié, si no hubiera preguntado (repetidamente) «¿cómo se sale de este maravilloso laberinto?».

Si tengo un problema que resolver, incluso personal, y no poseo todos los instrumentos al alcance de la mano o no sé bien qué utilizar en primer lugar, será oportuno que hable con alguien (persona, organización, etc.) que considere fundadamente útil para adquirir una determinada competencia.

Para pedir ayuda tengo que tener presente una serie de pasos:

1. ¿Qué estoy pidiendo?
2. Divido en puntos mi petición.
3. Establezco prioridades: esto es más importante que esto otro.
4. Las palabras que tengo en mente, ¿son las exactas? ¿Sé describir bien mi petición?
5. ¿A quién pido ayuda?
6. ¿Por qué se lo pido a esta persona?
7. ¿Qué respuesta espero?
   — datos nuevos;
   — sugerencias/ayuda;
   — otros.
8. ¿Es un buen momento para pedirla?
9. ¿He elegido la mejor forma? (carta, llamada telefónica, correo electrónico, etc.).

Atención: es evidente que los puntos en que se ha dividido el recorrido tienen un objetivo esencialmente didáctico, pero vale la pena intentar completar estas preguntas con los comportamientos que por lo general cumplo en la realidad.

En mi caso. ¿Hay quizá algo que repasar?

¿Dónde?

....

....

¿Por qué?

....

....

¿Cuándo?

....

....

¿Referido a quién?

....

....

Aprender a aprender

Podría ser un lema para la vida muy válido que ofrecer a las nuevas generaciones. Se comenta desde hace tiempo: ya es imposible creer que alguien pueda permanecer toda la vida laboral en el mismo puesto de trabajo. Previsiones y estadísticas invitan a prepararse a cuatro o cinco cambios, incluso radicales, en el plano profesional, a causa de los rápidos cambios productivos de los bienes y servicios. ¿Qué hacer, por tanto, para adquirir conocimientos y habilidades capaces de ayudar a la persona en estos cambios?

No se trata de esforzarse en enseñar o aprender más cosas, sino de enseñar o aprender a aprender. ¿Qué significa en la práctica?

Prepararse constantemente, desde muy pequeños, para resolver problemas y tomar decisiones. Así se favorece que la persona madure y sea autónoma en todas las situaciones. No es necesario, así pues, aprender contenidos para poder afrontar hábilmente un determinado cargo, sino aprender *cómo* (mejor que *qué*) arreglárselas en un ámbito laboral en concreto.

Para hacer todo eso tendré necesariamente que desarrollar habilidades en lo tocante a las relaciones. En definitiva, tendré que estar listo para trabajar en equipo con otras personas que no he visto antes, colaborar, compartir, comunicar, etc. ¿Cómo tengo que prepararme?

• Relacionándome con más «sucursales» educativas (escuela, familia, deporte, medios de comunicación, entre otras), tratando constantemente de desarrollar mi potencial humano.

• Acostumbrándome a escuchar, para aprender de los demás a resolver problemas cada vez más complejos.

• Aprendiendo a tomar decisiones («¿Qué me pongo para salir? ¡No estoy listo! Así que haré esto y esto»).

• Siendo consciente de cómo estoy, de lo que me está pasando, de lo que pretendo hacer, y programar, mis pasos partiendo de un esquema interior que yo mismo he construido.

• Respetando los diversos pasos: desde obtener suficientes datos hasta probar y volver a probar una condición, primero en proyecto y después en la realidad.

Resumiendo, aprender a aprender ofrece grandes satisfacciones a cambio de un pequeño esfuerzo: detenerse a adquirir datos, compararlos con lo que se sabe, construir una «red» lógica para pasar rápidamente de un argumento a otro, para encontrar los elementos más adecuados a la hora de resolver un problema.

La autoestima en la vida profesional

Desde la primera línea de este libro estamos hablando de una progresiva mejora de la idea de uno mismo y del reconocimiento de los demás de la valía de una persona como meta de un recorrido constante y que requiere esfuerzo, empleo de recursos humanos considerables, constancia y humildad. En definitiva, aquí no estamos hablando de resultados fáciles e inmediatos o de estrategias con nombres que cautiven más o menos la fantasía del interlocutor, sino que lo alejen de sus propias limitaciones o defectos.

Esta advertencia es obligatoria en estos tiempos de rapidez, velocidad, promesas que van desde la felicidad hasta el retraso del proceso de envejecimiento.

La autoestima, por el contrario, es una cosa seria y sirve a las personas para estar bien consigo mismas y con los demás. Es algo que tiene que ver con los sentimientos, con los juicios y los prejuicios, la cultura, la voluntad, la claridad y la fiabilidad de los objetivos. Y al mismo tiempo, es algo fácil de conseguir o de sentir (basta un «muy bien» para sentirse en el cielo), pero difícil de mantener.

¿Es necesaria para cualquier trabajo?

Una buena dosis de autoestima es útil en todas las profesiones, incluso en los oficios más humildes o en los trabajos que conllevan frías rutinas cotidianas. Tener autoestima por lo que se es y por lo que se hace es un importante componente del propio bienestar, de la salud, porque permite a la persona acceder a todas las operaciones que la vida le ofrece: en el plano de las relaciones, emocional y afectivo, laboral, etc. Una buena dosis de autoestima es señal principalmente de que la persona en cuestión se quiere.

Esto también implica detener cualquier intento procedente del exterior de desmontar esta condición: cada persona tiene derecho a su equilibrio, y si hay algo que no funciona en su actitud o comportamiento, habrá alguien (del jefe al director o el juez en los casos más graves) que le invitará u obligará a cambiar hacia lo que se desea, con las debidas maneras y en la ocasión más oportuna.

¿Cómo podría una persona presentarse en su puesto de trabajo con una pésima idea de sí mismo y de sus capacidades (competencias/habilidades)?

Sólo se podría soportar una situación de este tipo si pensara:

— «Dentro de poco me marcho»;
— «Bueno, es mejor que nada»;
— «Al menos tengo otras cosas que me llenan»;
— «Comienzo con esto, pero ya tengo en la cabeza lo que quiero. ¡Pretendo llegar allí!».

Vemos que un planteamiento mental de este tipo puede permitir resistir en condiciones de equilibrio personal precario.

Sin embargo, debe existir un factor de compensación que funcione, al que recurrir para poder compensar la falta de estima presente en el periodo de trabajo negativo.

Además, hay que pensar en las perspectivas para los próximos años, que incluyen, en un círculo cada vez más compacto, el mundo del trabajo y el de la formación (de hecho, nos quedaríamos cortos hablando solamente de la «escuela»): debido a la gran y específica competencia que cada uno tiene que adquirir, será cada vez más frecuente el caso de personal empleado con tareas de responsabilidad por periodos breves o, al menos, no durante toda la vida laboral.

Estos trabajadores en cuestión se verán obligados a realizar una continua «adquisición» de autoestima, pues al concluir un contrato, antes de ser elegidos por otro contratante, tendrán necesariamente que mantener su equilibrio, como lo harán también en el caso de que no consigan un trabajo a tiempo completo.

Relaciones laborales breves, intermitentes, discontinuas: para este tipo de trabajo será necesario dotarse de:

— elasticidad;
— disponibilidad para aprender continuamente cosas nuevas;
— disponibilidad en los traslados;
— disponibilidad para jugársela (arriesgando);
— disponibilidad para volver a empezar desde cero en campos muy diferentes a los acostumbrados;
— en el ámbito de las relaciones humanas, disponibilidad para crear nuevas amistades, a modificar, dependiendo del ambiente, los propios modos de conducir la existencia.

Claridad en los objetivos y realización profesional

En el plano profesional, la autoestima deriva directamente de la claridad en los objetivos, además de la percepción de las propias capacidades profesionales y personales. Sobre los objetivos que se han de plantear y cómo alcanzarlos se han escrito ríos de tinta.

Aquí nos estamos dirigiendo a la persona que carece de autoestima y no sabe por qué. Todos nosotros nos hemos encontrado en alguna ocasión en una encrucijada donde se cruzan varios caminos. En ese instante, nos quedamos parados en el lugar, no por incapacidad sino por no haber determinado con anterioridad en qué dirección movernos o por no tener todos los datos necesarios para elegir si es más conveniente ir en una dirección en vez de en otra. Entonces sucede que al encontrarnos en esta situación caemos en la depresión o el menosprecio, porque nos sentimos «inconclusos».

Pero nuestro sentimiento depende únicamente de la imposibilidad de realizarnos, de darnos pleno cumplimiento, precisamente porque los objetivos no se han planteado claramente.

En consecuencia, el objetivo debe estar claro antes de nada, es decir, debe contener elementos que hagan fácil su identificación y su colocación respecto a los otros del mismo tipo y aparentemente «iguales». En este sentido se puede hablar también de univocidad: cada objetivo es igual sólo a sí mismo.

A continuación, hay que prestar atención a la simplicidad del objetivo: cuanto más sencillo, de hecho, mayores posibilidades de confrontación, intercambio, transferencia de información.

Atención: la complejidad de un objetivo se puede reducir en partes más sencillas.

Otra cosa más: un objetivo no es bueno si no se puede transformar en comportamientos observables. ¿Qué quiere decir esto? Si digo que tengo un objetivo, pero no soy capaz de describir mediante qué acciones puedo alcanzarlo, no sólo no lograré que los demás me comprendan, sino que tampoco conseguiré fácilmente lo que me he propuesto obtener.

Éxito y autoestima

Si la autoestima se mide por la cantidad de éxito, al plantear como objetivo la propia afirmación, se debe tener muy en cuenta que la constancia es un ingrediente fundamental y condición imprescindible para un recorrido de este tipo.

El éxito es sin duda producto del método. No nos dirigimos aquí a las personas que esperan a ganar millones para cambiar su propia vida. Hay un método que nos acerca sin duda al éxito: la perseverancia constante.

Y este método, antes de dar sus frutos en el aspecto económico, los da generosamente en elementos como la percepción de uno mismo, puesto que los objetivos se han determinado en el respeto a la persona.

¿Qué sucede en cambio si los objetivos se han colocado demasiado alto o demasiado cercanos en el tiempo, o son demasiado importantes? Se crea entonces una situación de estrés para quien se ha equivocado al echar las cuentas o se ha visto empujado —por otros— a esa difícil situación. Sólo queda volver a medir los pasos manteniendo, cuando sea necesario, los mismos objetivos.

Quererse y ser querido

Saber realizar un determinado trabajo, desde vender muebles hasta fundir hierro caliente, determina sin duda un halo de respeto y de consideración para quien ha logrado tan eficazmente un determinado resultado. Es más, por el hecho de saber muchas «cosas», hasta hace algunas décadas una persona hábil en un oficio era muy respetada y estimada por todos aquellos que la conocían. ¿Y hoy? Ser de una determinada manera, por ejemplo, decididos, joviales, coherentes o justos, siempre ha contribuido al reconocimiento y la concesión de estima por parte de los demás. ¿Y ahora? Autoestimarse forma parte de la profesionalidad de una persona.

1. Sé cuáles son mis cualidades.

2. Intento mejorar continuamente en estas características:

   — ser (comunicar);
   — hacer;
   — saber (estoy al día, me informo).

AUTOESTIMA

que tengo de mí mismo

que los demás me conceden

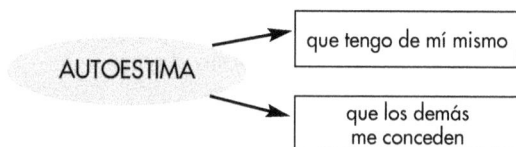

¿Cuál es la relación óptima entre las dos estimas? Lo importante es que la estima por uno mismo no disminuya hasta desaparecer: en ese punto valdremos sólo lo que los demás nos concedan y, si no contamos con mucha estima por su parte, podemos perder el equilibrio emocional con graves daños en el plano personal, así como en el profesional, por no hablar de las relaciones.

¿Hay que tener primero estima por uno mismo, para después adquirir más de los demás, o es mejor partir de un poco de reconocimiento del mundo exterior para tener una idea positiva de uno mismo y de la propia valía?

LUGARES COMUNES QUE EVITAR...

Lugares comunes y también sentido común han acompañado al hombre durante generaciones enteras. Ahora ya no se oyen tanto. Pero ¡no hay razón para alegrarse! Siempre se ha constatado una aportación, a veces torpe, de la psicología, sociología y pedagogía que han embellecido los viejos dichos y promovido la celebración de convenios y congresos sobre ellos, entre otras cosas. Pero en el fondo permanecen inalterados los principios que han hecho grandes a generaciones completas. Veámoslos juntos:

• La experiencia es la madre de la ciencia.

• No abandones el camino viejo por el nuevo.

• A fuerza de insistir...

• ¡Mira siempre hacia delante!

• Es necesario demostrar a uno mismo y a los demás...

• ¡No te preocupes por los demás, piensa sólo en ti mismo!

• Cuando el agua toca el c... todos aprenden a nadar.

• ¡Nunca te des por vencido!

• Va en ello tu reputación.

• ¡... a toda costa!

• El fin justifica los medios.

¿Cuántas expresiones incluirías en esta lista partiendo de tu propia experiencia? ¿Qué piensas de estas afirmaciones? ¿Las compartes, siempre son válidas? ¿Hay algún dicho que no tenga que ver con los demás, es más, que lo contradiga? ¿Te acuerdas al menos de uno?

....

....

....

....

Consejos «sueltos»

Todo lo que sigue puede ser «reembolsado» en el lugar de trabajo más allá del propio papel y funciones. Puedes reflexionar sobre cada punto intentando tal vez aplicarlos poco a poco para comprobar los cambios en ti mismo y en quien esté a tu lado.

• Saluda siempre con cortesía: «saludar» significa alegrarnos de que la persona que encontramos está bien de salud y probablemente esto haga que el interlocutor se muestre más accesible.

• Mantén la palabra que has dado. La estima pasa también por la posibilidad de confiar.

• Da confianza —con cautela—, pero demuestra que te fías.

• Expresa tus sentimientos de manera consecuente al ambiente.

• Evita propagar y «trasladar» los chismes y comentarios negativos. Dan lugar a falsas alianzas que no muy tarde te devorarán. Ser reservado te premiará con la estima que por ello ganes.

• Diferencia las cuestiones pequeñas de las grandes y actúa en consecuencia.

• Afronta con serenidad los problemas: siempre los tendrás, y cuanta más responsabilidad tengas, más encontrarás en tu camino. Cada problema llega para ser resuelto, y una vez superado, nos deja vivir mejor.

• Mezclar lo privado y lo profesional puede desembocar en problemas: no se advierten con claridad los papeles y la educación.

• Crea el ambiente más positivo posible: recibirás sólo cosas buenas.

• Recuerda el dicho: todos son necesarios, pero nadie es indispensable.

• No te tomes muy en serio; trata de observar de qué ventajas goza la persona que vive según este principio.

• No te olvides de tus orígenes, de dónde vienen, quiénes eran tus padres: te juegas en ello tu equilibrio.

• No seas muy duro al juzgar los errores de los demás: intenta entender el porqué. No te cierres diciendo: «pero ¿cómo has podido hacer esto?».

A PROPÓSITO DE LA CONSTANCIA

Cuanto más se acerca la persona al éxito, más capaz debe ser de modificar su propia postura mental.

Si, al comienzo de la actividad profesional, el trabajo constante y duro ha sido el elemento más presente, desde un cierto momento en adelante la energía física debe transformarse en proyectos, cambios, relaciones, recargas, para dejar a los otros el trabajo más duro de la «peonada». Y los «peones», si se quieren lo suficiente, seguirán a quien haya empezado antes que ellos y, si están dotados, podrán no sólo alcanzar a quien les precede sino también superarlo. Lo importante es mantener el ritmo, mirar hacia delante y darse cuenta del movimiento.

Los fracasos son accidentes del camino que no pertenecen a toda la persona sino solamente a ese momento y aspecto en concreto. La autoestima no se ha de esfumar porque en un momento dado se haya cometido un error, por más grave que pueda ser.

«He sido un estúpido en ese momento y en esa situación» es la actitud correcta, porque sería decididamente erróneo pensar «¡soy un estúpido y ya está!».

Construir la autoestima

Como en todos los aprendizajes (y a quererse se puede aprender), cuanto más tiempo pasa, más se confirman los beneficios de ese aprendizaje y más se aprecia en el nuevo comportamiento.

¿Pueden tener el mismo ritmo la vida profesional y la personal?

¿Puede existir armonía entre los dos mundos?

¿Son, a fin de cuentas, dos mundos separados o uno solo con diversas facetas? Para vivir bien una persona necesita armonía: uno de los aspectos más importantes que la persona debe cuidar, para poder desarrollar y conservar su bienestar, es un ritmo de vida que le permita:

• pararse a recuperar;

• disminuir la velocidad;

• acelerar;

• adaptarse al ritmo de otras personas;

• llevar a las otras personas a su ritmo.

CONSEJOS PARA LOS QUE ESTÁN «EN LA CARRERA»

Quien tenga la intención de hacer carrera profesional, deberá tener bien presente este principio. No se trata de «vaciarse» para ponerse al servicio de los demás renunciando a los propios intereses, es más, todo eso puede convertirse en un trampolín que te lance al propio éxito. En definitiva, aquí no estamos sugiriendo que se «renuncie a uno mismo» en función de los deseos de otra persona, sino que se considere que:

— las cosas que se nos pide realizar se deben hacer bien, siempre y en cualquier circunstancia. Primordialmente por el respeto que nos debemos a nosotros mismos;
— por los demás, en la medida en que el jefe o cualquier otra persona que ostente responsabilidades similares o incluso inferiores, tiene derecho a nuestra colaboración de forma profesional y correctamente para poder a su vez contribuir con lo que pertenezca a sus atribuciones.

La suma de estos dos puntos determina condiciones que deberían obligar a los demás a concedernos su estima. Si la estima no se reconoce suficientemente habrá que regresar a nuestro criterio interior y valorar nuestra actuación sobre esta base, en la que nadie puede inmiscuirse:

• Fijar bien los propios objetivos.
• No basarse en lo que hayan hecho los demás: ¡son diferentes!
• Los tiempos son diferentes para personas diferentes.
• Los ritmos son diferentes para personas diferentes.
• Establecer niveles de satisfacción: ¿los he alcanzado? Entonces me paro.
• ¿Mala suerte? ¿Nacimiento? ¿Formación? Diversas causas: lo importante es que nuestra propia interpretación no nos haga daño.
• Carrera profesional: ¿qué significa? ¿Ahora o después? ¿Qué sucederá?

Volver a empezar después de haber perdido la autoestima

Si en el trabajo pierdo mi autoestima (por mi culpa o de los demás), sufro un contratiempo también en el plano personal, con señales preocupantes.

— dudo de mí en cualquier ocasión;
— estoy a menudo con un «humor de perros»;
— soy desconfiado;

— cada vez tengo menos ganas de hacer nada (dormir);
— no quiero ver gente (cierre);
— no me interesa nada;
— considero también mi pasado como un fracaso: todo me ha salido mal en esta vida;
— hago previsiones negativas sobre mi futuro;
— me dedico a quitarle valor a mis acciones y mi persona (no valgo nada);
— tengo una percepción distorsionada de los demás (los demás son mejores siempre y en cualquier circunstancia).

Ahora me detengo y considero:

— ¿con qué «fundamento» digo que es un fracaso?;
— ¿he perdido mi autoestima en algún aspecto?;
— ¿era previsible?;
— ¿debería haberme dado cuenta antes?;
— escucho todas las voces: unos me dan la razón, otros dudan...; pruebo a mirar a mi alrededor;
— ¿quién me ha ayudado a llegar hasta aquí?, ¿con quién he compartido este último tramo de mi camino?, ¿cuáles eran las premisas?;
— ¿cuáles son los aspectos negativos de mi situación actual?;
— ¿cuáles son los aspectos positivos de mi situación actual?;
— ¿a quién puedo pedir ayuda?;
— ¿qué medios o personas no han hecho nada para evitar este fracaso?;
— ¿me he equivocado con alguna persona?;
— ¿puedo intentar salir de esta situación?, ¿cómo?

Me concedo algo de tiempo para reflexionar sobre este aspecto y no tomo una decisión si no encuentro objetivos nuevos, que puedan consistir en:

— reorientación;
— estudio;
— formular hipótesis.

Se parte desde este punto:

1. Decido hacia qué objetivos me dirijo:
....
....

2. Defino los plazos y los ritmos (a ser posible diferentes a los que me han conducido a la pérdida de mi autoestima).
....

3. Estos son los aspectos de mi persona y de mi profesión que he decidido cambiar:

....
....
....
....
....
....

— ¿De qué forma?
— ¿A quién pido ayuda?

Ahora especifico la lista de personas para cada objetivo o sector específico:

....
....
....
....
....
....

4. Ser capaz de empezar de nuevo ya es algo...

5. Determino plazos también para las comprobaciones (en medio o al final) de mi actuación.

6. Aprendo lenguajes nuevos, nuevas maneras de relacionarme, de ponerme en marcha, de ser. Especifico aquí cuáles y cómo:

....
....
....
....
....
....

El «tiempo» en la estima

Si tienes realmente intención de construir tu autoestima, de proyectar algo que sea capaz de darte «valor» partiendo de lo que eres, debes tener en cuenta un factor fundamental: el tiempo. ¿Qué tiempo? Aquel al que nos referimos cuando hablamos de algo que puede reducir nuestra autoestima.

Por lo general, ¿qué sucede? Hace una semana, en el trabajo, nos han comentado que nos hemos equivocado al dirigirnos al ingeniero XY, cliente importante de nuestra empresa. ¿Cómo reaccionar? Ciertamente, hace una semana, cuando sucedió, no nos sentimos bien por eso. Esa desagradable sensación de haber hecho algo mal nos ha acompañado toda la semana, y hoy, de nuevo, nos sentimos «todavía mal» por lo sucedido. En realidad deberíamos recordar que:

• Las cosas del pasado no deben ni pueden influir en el presente; sólo nosotros estamos convencidos de que lo ocurrido hace una semana tenga la misma consistencia hoy, en el presente.

• No tiene ningún sentido trasladar el pasado al presente. Es necesario ser capaces de permanecer en el hoy. Mejor aún, de permanecer en el preciso instante.
Existe este momento, este instante, el pasado ha pasado (¡de verdad!). Si alguna cosa nos ha herido en el pasado, hoy ese sufrimiento es otra cosa: es de hoy y, por tanto, ya no es el mismo, es como si se hubiera «esfumado». Hoy existe sólo el instante y, si logro vivirlo plenamente, no hay nada más que el ahora y no tiene por qué ser un momento de infelicidad.

• No se deben hacer proyectos inmediatamente después de un momento de infelicidad, al igual que es inútil quererse poco, culpabilizarse y darle vueltas mucho tiempo a estas sensaciones.

Es necesario permanecer en el presente, porque sea lo que sea lo que hayamos hecho o nos hayan hecho y que nos empuja a estar mal («Si hubiera actuado de otra manera», «No debería haberme dicho eso») pertenece al pasado, sucedió y no se puede cambiar. Para nuestra autoestima sólo puede existir el tiempo del presente.
Cada vez que algo nos hace daño, que alguna persona golpea nuestra autoestima, hay que considerar que la está atacando en ese momento, en esa situación.
En cambio, ¿qué suele suceder? Al malestar, al sufrimiento de ese instante añadimos otras situaciones, otros sufrimientos del pasado. En lugar de sentirnos incapaces un breve instante (¿diez segundos?, ¿treinta segundos?, ¿un minuto?), prolongamos nuestro dolor yendo atrás en el tiempo. Si nos quedáramos en esa situación, un dolor, un sufrimiento «aquí y ahora» no lastimaría tanto nuestra autoestima.
Es importante ser conscientes de lo que nos pasa, darnos cuenta de cuántas veces al día no nos queremos.
Esto sucede porque estamos muy ocupados en considerar nuestra vida en términos de pasado o de futuro, transformando así nuestro sentido de incapacidad (que podría ser temporal) en un desastre existencial. Afortunadamente para nosotros es posible modificar este modo de ver las cosas.

Exceso de autoestima en el trabajo

Aspectos positivos

• Intervenir en casos especiales con escasas probabilidades de éxito.

• Lograr —en pequeños periodos— dar lo mejor de uno mismo.

• Superar los momentos críticos de la propia vida personal y profesional.

• Saber moverse partiendo de variables como el orgullo y el desafío.

• Superar los problemas de relación, emocionales o afectivos, porque se siente listo en un ámbito diferente al laboral.

Aspectos negativos

• No aceptar críticas sobre la propia actuación.

• Rechazar puestas al día y formación.

• Considerar siempre correcta su forma de actuar.

• No saber compararse con los demás.

• Correr el riesgo de ir más allá de las propias competencias.

• Centralizar y no saber delegar, sobrecargándose de tareas con el riesgo de fracasar, acabarlas de manera poco satisfactoria o abandonarlas por el camino.

• Tener dificultad en las relaciones porque «nadie es como yo».

• Negar todo el pasado o los aspectos que tienen que ver con fracasos.

• Embarcarse en empresas superiores a sus posibilidades reales.

Autoestima y funciones directivas

Al responsable de un cierto proyecto o departamento (pero también de una familia), se le exige a menudo que infunda confianza, calor, autoestima en quien colabora o forma parte del proyecto.

Llegados a este punto está claro que el requisito previo fundamental es que la persona que coordina tenga una buena impresión de sí misma como líder. De nada serviría el título de «coordinador» si la persona designada no se siente capaz de responder a su papel, sus funciones y, sobre todo, a lo que los demás esperan de él.

Es importante reflexionar también sobre este último punto: muchas personas que ostentan responsabilidades se sienten totalmente presas del deber, como si fuese algo que sólo fuera con ellas, hasta el punto de infravalorar o, incluso, ignorar la ayuda de las otras personas para llegar a comprender el objetivo.

A continuación mostramos algunas sugerencias para que quien posee responsabilidades de diverso tipo no incurra en los errores más frecuentes:

• Quien tenga responsabilidades debe darse cuenta de su propio papel y funciones, así como de las expectativas alimentadas en su relación con el grupo (que a su vez está compuesto sólo por quien colabora o está «debajo», pero comprende también a quien está por «encima»).

• Entender bien el nivel de preparación, competencia, habilidad, etc. de quien colabora en un proyecto. ¿Es el hombre adecuado para el puesto adecuado? ¿Qué le falta o puede necesitar? ¿Qué puedo hacer para que sus capacidades aumenten y poderme fiar más? ¿Basta con darle ánimos? ¿Un curso? ¿Una supervisión? ¿Un incentivo? ¿Y en qué términos?

• ¿Qué respuestas se obtienen cada vez que se refuerza positivamente a una persona? ¿Esta es capaz, después, de dar algún paso por sí sola? O, por el contrario, ¿se retrae y todo vuelve a ser como antes? ¿Es capaz de autoevaluarse? ¿Cómo puedo ayudarle en este proceso de afirmación de su valía? ¿Cuáles han sido sus experiencias previas? ¿Qué le pasa ahora por la cabeza?

• Para una persona que tiene responsabilidades y coordina el trabajo de otros, es de vital importancia reconocer las motivaciones, aspiraciones, experiencias, etc. para poderse conducir en las relaciones. De hecho se sabe que una persona implicada, interesada e informada es un elemento que reporta seguramente beneficio en la cadena de producción de bienes y servicios. Sirve de mucho, para este fin, lo que en otro tiempo se llamaba «buen ejemplo» y que ahora recibe otra denominación («condicionamiento», etc.).

• La estima hace buena pareja con la constancia, pues es el resultado de un cierto número de refuerzos positivos; no es posible establecer a priori cuántas veces tendré que manifestar aprecio o decir «muy bien» para poder infundir en una persona confianza en sus propias habilidades. Para algunas personas resultará muy difícil lograr vivir con tranquilidad, convencerse de que pueden contar con sus propias posibilidades. No por eso se debe dejar de proporcionar apoyo, confianza, calor, sin esperar, sin embargo, que el resultado esté allí al alcance de la mano o que vaya a durar mucho. Además de recibir constantemente señales positivas del exterior, para que una persona se refuerce de manera duradera necesita un buen conocimiento de sí misma y de por qué se encuentra en una determinada situación, de un proyecto que tiene que ver con la propia persona, de saber orientarse y pedir ayuda (¿a quién?, ¿qué pedir?).

• ¿La estima debe mostrarse también cuando los resultados no aconsejan decir «muy bien»? Es evidente que el esfuerzo que la persona ha hecho para alcanzar cierto objetivo o realizar un determinado recorrido ha de tenerse siempre en consideración. La valoración de dicho esfuerzo debe llevarse a cabo también utilizando su baremo de medida. ¡A una persona especialmente indolente o perezosa puede resultarle excepcional levantarse, una vez al año, a las cinco para ir de vacaciones! Cada uno tiene su propio criterio y sólo según él se juzgan las acciones propias y ajenas. Así que ¡cuidado al aplicar a los demás nuestros criterios de valoración! Si el resultado es negativo o, de todas formas, insatisfactorio, hay que dejar claro sólo el comportamiento errado, sin eliminar la dignidad o la estima de la persona. Si digo «¡Eres un inútil!» estoy atacando a toda su personalidad. En cambio, si digo «¡Esto no va bien, porque es demasiado...!» no corro el riesgo de destruir a esa persona. Ciertamente —puede decir alguno— existen personas que son especialmente frágiles en este aspecto y personas a las que no les importa en absoluto lo que se les indica. Es cuestión de carácter. Cada uno tiene el suyo, por malo o bueno que sea, nos guste o no. Pero cuando un aspecto del carácter nos hace sufrir o hace sufrir a los demás, es el momento de intervenir e intentar mejorarlo. Si, por culpa de mi impaciencia o agresividad, mis amigos ya no quieren estar conmigo, ¡tendré que cambiar! Porque yo soy el primero en verme castigado por ese aspecto de mi propio carácter. Es más, si resulto impredecible, los demás no saben a qué carta quedarse y el primero en sufrir las consecuencias soy sin duda yo mismo.

• ¿Qué tipo de juicio se debe emitir para lograr que suba la autoestima? Palabras, pero endulzadas con una cierta dosis de calor, en la medida adecuada para que la persona que hay que «recargar» pueda apreciarlas. No hay más que pensar que el calor, incluso en sentido físico, provoca efectos no sólo sobre las personas, sino también sobre toda la realidad (crea y elimina las nubes, provoca la dilatación de un trozo de hierro, etc.), «moviéndola». Si hay movimiento, habrá una modificación, cambio de la postura previa. Existirá la posibilidad de revisar la propia imagen y, por tanto, de volver a valorarse mejor, dado que los datos que llegan son positivos.

Con las palabras transmitiremos:

— ánimo;
— estímulo;
— refuerzo;
— reto;
— despertar del orgullo;
— esperanza;
— confianza;
— conciencia.

Cómo reforzar a los colaboradores

La aprobación o la desaprobación de lo que tenemos delante se expresan, antes que con palabras, con los ojos y la cara. Quien haya estudiado profundamente los mecanismos de la comunicación puede afirmar que los ojos se controlan difícilmente y, por tanto, aunque pretendamos ocultar a una persona nuestra desaprobación, corremos el riesgo de decir: «Bueno, no está mal», pero comunicarle con los ojos al mismo tiempo: «¡Vaya asco!».

Parece ser que en este siglo, gracias a Charlot, hemos aprendido mucho sobre la mímica facial: somos capaces de plantear ofertas de manera que se enmascaren peticiones, logramos estampar en nuestra cara una sonrisa indeleble que sólo retiramos cuando volvemos a casa tras una jornada «enmascarada», etc.

No hay nada de malo en todo esto, lo importante es hacer dos cálculos: ¿cuánto me cuesta forzar esto? ¿Se han convertido ya en parte de mí mismo? ¿Y los demás, «caen en la cuenta» o no?

Si realizamos esto con la suficiente ligereza, considerando casi un juego este colocarse frente a los demás de cierta manera (construida), podemos estar tranquilos: no caeremos en la neurosis, porque no nos requerirá energía valiosa para otros aspectos de nuestra vida. Si, por el contrario, y esto puede suceder también durante breves periodos, nos pesa fingir y, sobre todo, nos pesa cada vez más, ha llegado el momento de hacer ciertas comprobaciones:

• ¿Vale la pena todo esto?

• ¿Qué lo hace tan pesado?

• ¿Qué puedo hacer para reducir este estrés?

Físicamente puedo acercarme y compartir durante un rato una experiencia con la persona que quiero apoyar y, si juego la carta adecuada, puedo esperar que el otro mejore. A veces es suficiente el carisma de una persona para determinar modificaciones positivas en quien entra en contacto con ella. La palmadita en la espalda da fe de ello. Pero hoy nos tocamos menos que antes (cuando éramos más primitivos) y este cambio en los usos y costumbres conlleva seguramente una pérdida en la comunicación entre los humanos: la consecuencia ha sido un empobrecimiento general en aspectos como la energía, la carga afectiva, el bienestar.

Acercarse, pero no sólo eso: comer juntos (cenas o almuerzos de trabajo con los colaboradores), viajar juntos (vacaciones incentivo, por ejemplo), etc. son actividades que de una manera más o menos explícita refuerzan la estima que el colaborador tiene de sí mismo y favorecen el intercambio y el inicio de relaciones eficaces (eficaces quiere decir que hay una modificación en quien comunica).

En cuanto a los premios (por ejemplo, dinero, beneficios, participación en la sociedad): la confirmación de los buenos resultados alcanzados pasa desde siempre por un reconocimiento material, aunque aún existen personas que critican duramente este aspecto, como si fuese un pago a su esfuerzo, y que, por consiguiente, se sienten compradas.

En efecto, el premio es el primer refuerzo positivo que se conoce en la historia del hombre y sobrevive y prospera incluso hoy en día: ¡habrá entonces un motivo! El llamado «conductismo», una escuela de pensamiento de la psicología moderna, ha estudiado científicamente los componentes. Si existe un beneficio como resultado de una acción, es probable que esa acción se repita. Por el contrario, si a una acción sigue una desventaja, es probable que la acción se extinga, es decir, que no se repita.

Si has vendido mucho y se te concede un viaje como premio, te estarán ayudando a crearte una idea vencedora de ti mismo y, sobre todo, te impulsará a seguir vendiendo, incluso a mejorar tu rendimiento.

Complacer los deseos de los demás es sinónimo de conceder estima.

Dar estima para recibir estima

La estima se puede conceder a una persona siguiendo diversas modalidades: calor, ánimo, recompensas materiales, participación (por ejemplo, en proyectos), *feedback* positivo, confirmación, garantía, propuestas, cercanía, recuerdo, intercambio, encuentros, promoción, paz, confianza, amistad, amor, reparto.

Generalmente, dar un paso hacia otra persona para obtener estima determina un retorno positivo para quien, en este caso, ha comenzado.

Sabemos que la comunicación/relación es un proceso circular, en el sentido de que uno influye en el otro; en otras palabras, quien se movió en primer lugar se ve influido y estimulado a su vez por la respuesta del otro.

La concesión de estima en el mundo laboral no se aparta de esta norma: quien envía un mensaje de estima obtiene otro de respuesta del mismo tipo. Sin embargo, no tiene por qué responderse en el mismo plano de la primera confirmación de estima. Por ejemplo, decir: «¡Felicidades, señor López, ha resuelto muy bien este tema!» puede llevar al señor López a reconocer que el ingeniero jefe es una buena persona (en el plano personal) además de un profesional.

Una vez más, no hay que pensar tampoco que dar estima conlleve siempre de manera directa e inmediata una respuesta del mismo tipo, ya que puede tardar en manifestarse. La persona objeto de estima puede tener especial dificultad en las relaciones, podría incluso considerar la felicitación como algo obligado o gratuito, que acaba allí mismo. Podemos encontrarnos con una persona desconfiada, que no se quiere demasiado y, por tanto, no acepta lo que se le reconoce. Esto sucede cuando hay envidia, o una situación de excesiva competitividad.

Estas consideraciones deben ayudar a quien «ofrece» estima a moderarse antes de distribuirla de manera precipitada: parafraseando un mensaje publicitario, se puede decir que la estima es una cosa muy seria y como tal ha de gastarse.

Está, por tanto, fuera de lugar dar para recibir: hemos dicho que, por lo general, sucede que quien da estima la recibe a su vez a cambio, pero no se trata de un mecanismo automático. Conviene no tenerlo demasiado presente y conceder estima sin pensar en su retorno inmediato. Si se da, puede que sea incluso mucho tiempo después y de una forma imprevisible.

El *self-empowerment*

¿Qué es?

El *empowerment* es un proceso para cambiar a mejor, de forma positiva y duradera. Más concretamente, el *self-empowerment* se puede definir como el reconocimiento y la ampliación de las posibilidades individuales a través de un uso continuado y óptimo de los recursos, al determinar la propia actitud y comportamiento en las relaciones con los demás, tanto en la vida personal como la profesional. En la práctica, se parte de una autoevaluación dirigida al conocimiento y la valoración de los recursos propios, para después aprender técnicas eficaces que poder utilizar para tratar las situaciones críticas.

Los principios del *self-empowerment* conducen a una progresiva concienciación y expresión de lo que es mejor dentro de la propia persona. A través del uso de diferentes instrumentos, que tienen que ver con el potencial humano y espiritual, cada uno de nosotros puede aprender más sobre sí mismo y las decisiones que ha de tomar para expresarse realmente. En un proceso de *self-empowerment*, un aspecto importante que considerar es el deseo de expresarse de un modo auténtico. A través de esta modalidad, las personas pueden reforzarse recíprocamente, promoviendo al mismo tiempo iniciativas por parte de cada uno a través de la creación de sinergias.

En otras palabras, el objetivo del *self-empowerment* es acompañar a las personas en el proceso de concienciación y expresión del propio yo mediante el reconocimiento de los recursos internos y externos, que así han de contribuir a aumentar la gran gama de oportunidades entre las que elegir. La mejora de uno mismo pasa, por tanto, por una promoción de tipo mental, emocional, espiritual y de bienestar físico.

Una pregunta: ¿un proceso de *self-empowerment* tiene como resultado también la supresión de las experiencias negativas?

Cuando los principios del *self-empowerment* se integran en la vida de la persona, las reacciones a las experiencias vividas pueden cambiar de manera significativa. En efecto, lo más importante en dichos principios se puede resumir en: «Todo depende de mí». Así, es posible reintegrarse, comprender, volver a elaborar todo lo vivido, incluso aquello problemático o completamente negativo.

Los mecanismos del *empowerment*

• Define perfectamente qué se entiende por éxito. Se trata de dejar claros los objetivos y de encontrar las estrategias para alcanzar una tras otra las metas que te hayas marcado de manera gradual... sin quemar los motores.

• Estrés, angustia y tensión son los tres elementos que reducen la productividad. Hay que lograr transformar la tensión interior en calma.

• Concienciación: para seguir bien este paso debes tomarte con regularidad un poco de tiempo para ti mismo, refugiarte en un lugar tranquilo, descolgar el teléfono y hacer cualquier cosa que te sirva para estar un poco solo contigo mismo. Quiere decir simplemente descubrir cuáles son tus pasiones, qué te puede llenar o «vaciar» (frustrar). En definitiva: ¿qué te hace realmente feliz?

• Confianza en ti mismo: debes romper con la pasividad y la tendencia a decir «lo haré mañana» (retrasar).

• Descubrir qué paraliza tu creatividad.

• Autoestima: un buen nivel determina sin duda un buen rendimiento. Hay algo magnético en la autoestima que sirve para atraer las relaciones de éxito, que no tardará en llegar.

• Organizarse: es oportuno hacer un proyecto dejando muy claros los pasos que se tendrán que seguir y superar paulatinamente. ¡Atención! En esta modalidad también se deben tener en cuenta los elementos que podrían constituir un auténtico sabotaje por parte de uno mismo.

• Desarrollar el liderazgo: se trata de reconocer la «grandeza» existente en los demás y ayudar a desarrollarla. ¿Cómo? Creando, por ejemplo, una buena comunicación, sinergia, armonía dentro del grupo.

• Buena comunicación, es decir, permitir que se transmita bien el mensaje. Un factor que no hay que descuidar: prestar atención puntual, constante, profunda y compartida en todo lo que interesa.

• ¿Tu destino? ¡Diséñalo! Intenta dejar claros los objetivos (véase el primer punto). Sobre todo presta atención a una cosa: ¡que exista equilibrio!

• ¡Ten claro tu objetivo! Todas las personas que han alcanzado grandes resultados han sido capaces de imaginar sus metas claramente.

• Déjate abrazar por tus sueños: se trata de animar las fuerzas más poderosas que se agolpan dentro de ti. Valor y determinación servirán para superar cualquier imprevisto. De todas formas, como última recomendación: ¡lleva la vida más allá de tus sueños!

DIÁLOGO VIRTUAL: MANERAS DE PROMOCIONARTE TÚ MISMO

El *self-empowerment* existe y se puede aplicar a diversos aspectos de la vida. Se puede actuar según el *self-empowerment* en el plano económico, en las relaciones personales, en la vida profesional y espiritual. Lo importante es recordar que todo comienza con la actitud que tenga cada uno.

¿Cuál es tu actitud ahora mismo?

....

....

¿Qué sucedería si de repente todas las parcelas de tu vida se potenciaran al máximo?

....

....

¿Cuáles son los sueños que te impulsan a seguir viviendo?

....

....

¿Qué tipo de compañero/a tienes en este momento?

....

....

¿Cómo estás?

....

....

(continúa)

> **¿Cuál es tu forma de vivir en este momento?**
> ....
> ....
>
> **¿Qué has deseado siempre?**
> ....
> ....
>
> **¿Con qué vida sueñas?**
> ....
> ....
>
> **¿Sobre qué te apoyarías si supieras que lo puedes lograr?**
> ....
> ....

Empowerment y productividad en los grupos y las empresas

El objetivo es conseguir un aumento de la productividad, mejores resultados de las personas implicadas y una comunicación eficaz gracias a un sistema organizado.

Los beneficios del *empowerment* son un hecho tanto para quien tiene la responsabilidad de coordinar como para las personas que traducen el proyecto en términos operativos, y pueden resumirse así:

• Involucrar más a todas las personas que forman parte de un proyecto conlleva la adquisición de responsabilidades y una mayor concienciación a todos los niveles.

• Crear un ambiente de trabajo que refuerce el *empowerment* fomenta la confianza mutua, la expresión de las ideas, la innovación y la toma de decisiones, incluso arriesgadas.

• Delegar más competencias en las personas que han seguido un recorrido de *self-empowerment* conduce a disponer de una cantidad mayor de tiempo para las actividades meramente directivas.

Atención: se deben analizar los motivos por los que algunos esfuerzos, en lo que a *empowerment* se refiere, no producen los beneficios esperados y programar la modificación de las condiciones que pueden conducir al fracaso.

¿Por qué se debe pensar positivamente en la empresa?

«Pensar positivamente» es un método que permite reconocer, utilizar y sacar el máximo partido a los recursos personales de nuestros colaboradores y de quien tenga que ver con el área de actividades de la empresa. Si resulta difícil ser positivo, nos encontramos ante una señal inequívoca de la necesidad de expresarse precisamente de este modo. De hecho, si la tensión y el estrés influyen sobre nuestro equilibrio psicoemocional, también provocarán repercusiones más o menos evidentes en el plano laboral.

A menudo no basta con tener buena voluntad para restituir la calma mental necesaria para alcanzar los objetivos. De ahí que ejercitarse en «pensar positivamente» cree las bases para una aproximación mental correcta a la realidad diaria y al futuro.

Haz esto todos los días: intenta actuar de forma que tu vida tenga una finalidad. ¿No es eso la felicidad? (¡Hemos partido de la empresa y sus problemas y acabamos hablando de la felicidad!).

BREVE GLOSARIO SOBRE EL *EMPOWERMENT* REFERIDO A LA IGUALDAD DE OPORTUNIDADES

Empowerment: proviene del verbo *to empower*, que quiere decir «adquirir poder». El sustantivo se utiliza para todas las acciones encaminadas a aumentar la presencia y la fuerza de las mujeres en los puestos neurálgicos de la sociedad y el gobierno. El *empowerment* es el objetivo que se planteó en la Conferencia de Pekín, para mejorar el proceso de igualdad entre mujeres y hombres.

Mainstreaming: significa «estar en medio de la corriente principal». Indica el método que consiste en colocar en el centro de cada acción de gobierno local, regional, nacional y comunitario la cuestión de clases y las políticas de igualdad de oportunidades entre mujeres y hombres.

Networking: quiere decir «ponerse en la red». En la práctica supone conocerse, intercambiar información, activar sinergias al comenzar iniciativas comunes. Desde los años ochenta se han multiplicado las redes de mujeres en todo el mundo en el ámbito regional, nacional e internacional.

(continúa)

Equality: significa «igualdad» y se usa de forma diversa a *equity* («equidad», que indica un tratamiento equitativo y justo dentro de roles «naturales» diferentes), no para negar las diferencias sino para favorecer condiciones de igualdad de oportunidades que permitan acceder a todos los derechos, empezando por los políticos, sociales, económicos, humanos, reproductivos, legales.

Gender: significa «género» y se utiliza para indicar la diferencia social entre hombres y mujeres; el término *sexo* no resulta completo en este sentido. Los roles de «género» se expresan con modalidades diversas y cambian según las culturas, las épocas y los lugares geográficos.

Crystal ceiling: literalmente «techo de cristal», indica todos los obstáculos invisibles que, en muchos ámbitos, impiden a las mujeres alcanzar los máximos cargos de decisión, responsabilidad y representación.

La dimensión espiritual

En su manera de afrontar la vida, mucha gente tiende a lamentarse por el pasado o a preocuparse por el futuro. Estas personas olvidan fundamentalmente dos verdades:

— lo que se ha hecho no se puede cambiar;
— lo que ha de venir no se sabe.

¿Qué hacer entonces? En primer lugar sería conveniente tener presente un marco de referencia en el que introducir el sentido de las cosas.

El significado de nuestra vida, de la existencia del mundo: una visión capaz de poner juntas la singularidad y la pluralidad, identidad y diversidad, repetición y cambio, previstos e imprevistos, pasado y presente, presente y futuro.

Sirve de muy poco reforzar nuestra autoestima si no creemos en la dignidad de la persona.

También sirve de poco mejorar el cuerpo si no se tiene una visión, una perspectiva.

¿De qué sirve aprender a que funcionen aspectos de uno mismo (determinación, emotividad, etc.) o habilidades (dotes de dirección, por ejemplo) si la idea de nosotros mismos no se halla en armonía con el sentido de la vida?

De ahí que sea necesario dejar claro un marco sobre el que colocar al ser humano y el mundo, además de que es necesario «algo» que mantenga unidos a estos elementos para volver a dar a cada uno de ellos y a su conjunto un sentido, un «desciframiento», aunque sea incompleto.

A partir de las reflexiones sobre el sentido de la vida nos podemos encontrar y reconocer como seres humanos, no sólo en el cuerpo y la psique, sino como totalidad impregnada de un aspecto hoy desconocido: la espiritualidad.

Reflexionar, meditar, utilizar el pensamiento, detenerse en algo, conceder sentido también a nuestra capacidad humana más distintiva —pensar, concretamente— para utilizarla no de manera superficial (cómo ganar más dinero...), sino de forma que esté en mayor sintonía entre el cielo y la tierra, y sirva para unir las cosas.

ESPIRITUALIDAD: UNA NECESIDAD COMÚN

Dejando de lado el país de origen, las convicciones personales y el sistema de valores, el 95 % de la población mundial cree en un ser supremo o reconoce que se refugia en un «lugar espiritual» para encontrarse a sí misma cuando está estresada, preocupada o necesitada de paz y quietud.

Si tú también tienes creencias de este tipo o tienes un «buen lugar» donde refugiarte o colocarte mentalmente para reflexionar sobre tu vida, no lo olvides: ¡visítalo cada vez que te sea posible!

Entre las nuevas tendencias espirituales, todos hemos oído hablar de la New Age, capaz de facilitar instrumentos para la propia realización y de favorecer la búsqueda personal de lo divino que hay en todos nosotros.

El Cristianismo propone un dios personal (que se pone en contacto con el hombre), transcendente, distinto del mundo; para el Cristianismo el hombre es la criatura más importante de toda la creación, existe una relación entre un Yo y un Tú en libertad.

En la New Age, por el contrario, Dios es Absoluto, impersonal, algo que está llamado a fusionarse con el hombre.

En definitiva, lo que diferencia al Cristianismo de la New Age son los conceptos fundamentales sobre la dignidad del hombre y el sentido de la vida, de «libertad» y «responsabilidad».

El zen propone la meditación como base para la búsqueda de la verdad.

El yoga se practica con el fin de encontrar la unión, entendida como un equilibrio perfecto entre el cuerpo, la mente y el espíritu.

La técnica del yoga utiliza las posturas, la respiración y un estado de concentración profunda. Se trata de un camino de conocimiento que conduce a la iluminación, a la liberación del propio yo.

El descubrimiento del misterio (lo escondido) y de lo sagrado (lo que se ha de mantener alejado, en señal de respeto), contrapuestos a la evidencia que se convierte en ostentación y la falta de confines que se transforma en confusión y uniformidad, puede ayudar a restablecer las coordenadas del sentido de las cosas.

Por estos aspectos, se podría decir, existe la religión: aquello que acoge «cosas» seleccionadas, importantes. Parece que hoy se aprecia un descubrimiento de las religiones, aunque diversas a la católica, dominante en nuestro país.

J. Block, sociólogo de la Universidad Kent State de Ohio, dice: «Para tener fe, no es necesario abrazar totalmente una única religión, puesto que todas tienen elementos de verdad universal. Por consiguiente, se puede extraer algo de varias religiones y construir así la base de los principios sobre los que fundar la propia».

Para concluir, lo importante es concienciarse también de la propia espiritualidad, para no estar incompletos, sino ser personas plenamente.

Meditar y rezar, dejar paso al propio ser espiritual, para permanecer dentro de un marco de referencia con toda libertad y plenitud, puede servir para la búsqueda del sentido y, por tanto, de uno mismo.

Los instrumentos para ir «más allá»

Muchas personas intentan conocerse mejor a sí mismas a través de manuales, cursos, test, etc. Todos ellos son métodos para conseguir ser más consciente de uno mismo y, así, poseer un mayor protagonismo en las propias decisiones. Sin embargo, este tipo de acciones corre el riesgo de dejar a las personas insatisfechas.

«Sé cómo soy» o, mejor, «sé cómo actúo», pero eso no basta.

Se siente la necesidad de algo más, de algo que vaya más allá, de algo que dé sentido a nuestra existencia.

Por supuesto, es importante tratar de conocerse, pero antes en necesario interrogarse sobre el sentido de la vida.

Sólo así se puede entrever dónde y cuál es nuestro lugar, es decir, el «propio» sentido.

Si una persona observa una fotografía suya actual o incluso de hace algunos años, además de reconocer o no su propia imagen («Estoy realmente gordo», «Mira que era feo»), vendrá a su mente la circunstancia en que se sacó la foto, a qué momento de la propia vida se refiere y muchas cosas más que darán sentido a la foto.

Pues bien, intentar fotografiarse uno mismo, sin pensar antes en el marco en que se incluye la imagen, es como sacar una foto sin asegurarse de que dentro haya un carrete.

Nosotros, como personas, resaltamos sobre un fondo, nos distinguimos y diferenciamos de los demás y de determinados contextos.

Así pues, entender que somos extravertidos o introvertidos, víctimas o verdugos, capaces de querernos o no, tiene sentido si esta operación se sitúa dentro de otra más vasta relacionada con el «sentido de la vida» y, por consiguiente, también de nuestro significado más auténtico. Sólo en este caso es posible ir más allá, lejos de lo que vemos y de lo que acompaña nuestra existencia día a día.

Es imprescindible dar un color al fondo sobre el que se destaca nuestra individualidad para poder verla como significativa. De otro modo, en esta sociedad cargada de violencia, carente de valores, materialista, tecnológica, se corre el riesgo de experimentar en primera persona una sensación de «vacío interior» que acaba por provocar también gestos insensatos (matar con el fin de —paradójicamente— sentirse vivos).

Al marcar un fondo, coordenadas, puntos de referencia, todo se convierte en más difícil de interpretar, caótico, sin sentido.

Entonces se siente la necesidad de reconstruir el sentido de las cosas. ¿Cómo hacerlo?

Recordando que ir más allá, que es una necesidad, significa colorear el fondo de nuestra trascendencia vital, de algo que se sitúa por encima, más allá, concretamente. Algo que dé respuestas vitales y no efímeras a nuestras preguntas.

Encontrar una dimensión trascendente significa plantearse preguntas sobre el más allá, observar la naturaleza en su increíble creatividad y riqueza, visitar los cementerios, reservar momentos para meditar o rezar.

¿Para qué meditar? *Meditar* deriva del latín y significa «reflexionar para cuidar», de donde proviene el término «médico». Es necesario meditar, por tanto, como técnica para curarnos, para ser médicos de nosotros mismos. No sólo en un sentido espiritual, sino también físico.

De hecho, muchos estudios han puesto en evidencia la importancia de una religiosidad activa que puede favorecer al corazón y no sólo en sentido figurado.

Por ejemplo, en Estados Unidos han observado que asistir con regularidad a la iglesia y leer asiduamente la Biblia influyen en la presión de la sangre, manteniéndola baja incluso en la tercera edad y disminuyendo así el riesgo de infarto.

La oración y la práctica religiosa no son otra cosa que simples formas de meditación.

Y pueden influir en la salud, puesto que, al concentrar nuestra mente en un sonido o una imagen, obtenemos respuestas relajantes a nivel psicológico, capaces de contrarrestar, por ejemplo, el estrés corporal.

La relación entre la oración y la salud ofrece ventajas físicas además de espirituales.

CUERPO Y MENTE COMO UN TODO

La Organización Mundial de la Salud (OMS) ha auspiciado, desde hace más de veinte años, un intercambio entre las medicinas tradicionales y la medicina moderna. Los expertos de la OMS sostienen, de hecho, que los enfermos curados por sanadores religiosos orientales encuentran un apoyo mayor que el suministrado por los médicos occidentales. La razón hay que buscarla en que los sanadores religiosos tienen una visión unitaria del ser humano, indivisible, de lo físico y lo espiritual, por lo que su intervención se basa principalmente en la fe, confianza, esperanza. Los médicos occidentales, por el contrario, se valen de remedios esencialmente químicos.

Con el mismo propósito, en los hospitales asiáticos y africanos está en marcha, con el patrocinio de la OMS, una colaboración entre los médicos «tecnológicos» occidentales y los sacerdotes sanadores. Las dos intervenciones (técnico-científica y espiritual) se integran para responder a la indivisible unidad físico-psíquico-espiritual del individuo. Partiendo también de estas consideraciones se puede deducir que el aumento de las enfermedades psicosomáticas entre las poblaciones de Occidente, entre las que se cuentan el estrés, frustraciones o tensiones a menudo de tipo existencial, tiene relación con la pérdida de religiosidad y espiritualidad (la «descristianización») de nuestro mundo occidental.

Así pues, rezar, meditar (si no se es creyente) devuelve el sentido al sinsentido. Si cultivamos la idea de lo sagrado, por ejemplo, manteniendo la costumbre de la oración, de mirar por la noche el cielo y las estrellas, podremos trasladarnos más allá, hasta sentir que cada uno de nosotros forma parte de este inmenso universo.

Aprender a estar solos, sin la necesidad de la televisión o de Internet, capaces de vivir el silencio exterior o interior puede ayudarnos a recuperar el sentido de nuestro ser individual.

Escribe Gibran: «Si deseas ver los valles, sube a la cima de la montaña, si quieres ver la cima de la montaña, elévate por encima de las nubes; pero si intentas entender a la nube, cierra los ojos y piensa».

Ser capaces de cambiar la humanidad, de ir contracorriente para encontrar el verdadero sentido de la existencia, es posible. Intentémoslo.

Mejorar la conciencia y la expresión de uno mismo

La autoestima, como ya hemos visto, es importante y ayuda a tener una mejor impresión de uno mismo y a expresarse de forma eficaz y saludable. Por supuesto, en el día a día, si no poseemos una buena dosis de autoestima, las cosas que ocurren pueden herirnos, tocarnos muy de cerca y contribuir así a reducir precisamente este sentido del «cuánto valgo». El miedo a afrontar a los demás, por ejemplo porque los consideramos mejores que nosotros, un fracaso escolar, un mal comportamiento con los colegas, dificultades familiares, etc., son con el tiempo experiencias que pueden afectarnos a todos y que menoscaban en diversos momentos y en distintas edades nuestra autoestima. Por consiguiente, tenemos el deber moral de renovar nuestra capacidad de encontrar recursos y soluciones capaces de no «destruirnos» como personas.

De ahí que sea necesario cultivar la autoestima, no sólo en los adultos, sino también en los niños y los ancianos. Aprender a estimarse, a quererse, debe ser una actitud que se ha de cultivar durante toda la vida. ¿Cómo hacerlo?

De pequeños (tres, cuatro años) a través del juego; de jóvenes/adultos poniéndose manos a la obra, teniendo fe en las propias capacidades; de ancianos, recordando con placer las cosas hechas, dando sentido a la propia experiencia y vislumbrando todavía espacios donde estar y disfrutar en plenitud y armonía.

Es decir, una autoestima capaz de apoyar y acompañar la evolución, la transformación y el crecimiento que caracterizan el «ciclo vital» de cada persona.

¿De qué está hecha la autoestima de los niños, de los adultos o de los ancianos? De la capacidad de extraer de lo cotidiano palabras, pensamientos, afectos, estupores, elementos sagrados, misterios que tienen que ver no sólo con los demás sino también con nosotros mismos.

En los tres apartados siguientes nos detendremos un poco en estas tres fases de la edad (reconsideradas continuamente según parámetros nuevos en el ámbito psicológico, científico, social, cultural, etc.) y sobre el significado de «juego» en los diversos periodos.

El juego y la autoestima en la infancia

Es importante el uso del propio cuerpo y de los objetos para crear las bases de una buena percepción de uno mismo. Quien no haya jugueteado con su cuerpo o con objetos, absorto en problemas de diverso tipo, se encontrará en desventaja en el aspecto de la imagen corpórea, sufriendo de una escasa sensación de fuerza y potencia, en el sentido de llevar a término una tarea importante.

Por el contrario, una idea consolidada de uno mismo (adecuada a las diferentes situaciones) se refleja en comportamientos y actitudes que tendrán también un carácter constante: eso consolida la sensación de seguridad y autoestima.

Todo, por consiguiente, parte del cuerpo, de las sensaciones relativas a la alternancia tensión/distensión. ¿Qué significa? Que cada persona deduce la idea de sí mismo de su tono muscular o del hecho de sentir actividad, movimiento, fuerza, potencia, en alternancia con relajación, distensión, lentitud, ligereza, pasividad. Este es el primer secreto para sentirse bien con uno mismo.

¿Te fiarías, tendrías fe y por eso confiarías algo importante a una persona que se encuentra tensa, inquieta? O, por el contrario, ¿lo confiarías a otra que se muestra siempre en un estado de apatía y pasividad? No te podrías fiar, creo, de ninguna de las dos. ¿Por qué? Porque no existe equilibrio, en palabras más sencillas, no hay alternancia entre una y otra condición. Esta alternancia es la que permite a las personas sacarle el jugo a la vida, ser felices con lo que son y saben hacer. Si sólo hay tensión, no es ni siquiera posible sentir el beneficio que puede proporcionar un momento de descanso. Es peligroso, porque, quien sigue en tensión (sin permitirse la actitud o condición contraria), podría también ignorar su propio estrés, su condición de sufrimiento y continuar hasta el punto en que será el propio cuerpo quien pondrá su límite, para impedir la autodestrucción.

¿Por qué he introducido este aspecto del equilibrio de la persona a través de la alternancia tensión/distensión en este apartado dedicado al juego en la edad evolutiva? Porque es precisamente a través de la relación con el propio cuerpo y con los objetos pertenecientes al mundo exterior como el niño forma dentro de sí una imagen de un ser correcto. Pero ¿correcto para qué? Para tratarse, para tratar a los demás y las cosas de forma positiva, que le permita experimentarse sin temores.

De estas innumerables pruebas el niño extraerá una idea de sí mismo coherente (en cuanto a no inventada), unitaria (hay un yo responsable de todo y sobre el que se puede contar), dinámica (hay que considerar una modificación continua, evolución, desarrollo), integrada (en el ambiente físico y social).

«Entrar en el juego de la vida» en la juventud y la edad adulta

Con el tiempo, la idea de uno mismo se va consolidando: a veces son posibles, con esfuerzo, modificaciones más o menos significativas de esa idea, formada a partir de las experiencias vividas en la época infantil.

Lo social asume un papel relevante, así que la impresión de nosotros mismos tiene mucho que ver con la idea que los demás tienen de nosotros y, sobre todo, de lo que a nuestro parecer los demás piensan de nosotros.

Participar en el juego de la vida en la juventud y en la etapa adulta puede costar mucho si aún no se ha madurado una idea de uno mismo suficientemente equilibrada. Existe el temor a no lograrlo o, incluso, a perder el posible equilibrio alcanzado.

Esta escasa elasticidad, sin embargo, acaba por bloquear a una persona en sus propias condiciones, impidiéndole desarrollar todo el potencial humano con que cuenta.

En este punto es necesario realizar alguna precisión a propósito de la importancia de lo social y del mundo exterior en relación con la autoestima. Si está compuesta en parte por la imagen que uno tiene de sí mismo, imagen autorreferencial («Soy yo quien se considera así», «Soy yo el que piensa esto de mí mismo»), es necesario considerar también el otro aspecto que constituye la autoestima: la opinión que los demás tienen de mí. Es como si una porción de la tarta, la de la estima, estuviera ligada al juicio que tengo de mí mismo, y el resto estuviera relacionado, en cambio, con los mensajes más o menos explícitos que los otros me envían y vuelven a enviar.

Es importante decir ahora mismo que por pequeña que sea la parte de estima que conservo, no debo permitir jamás que desaparezca del todo. Tendré que luchar con todas mis fuerzas para encontrar dentro de mí justificaciones, pruebas, valores que me confirmen, con los que poder contar.

¿Y qué se puede decir de la parte del «pastel» perteneciente a los otros y a la opinión que tienen de mí? Existen personas que son muy sensibles a los juicios ajenos y otras que, en cambio, parecen ignorar los mensajes o, cuando menos, conceder una mínima importancia a la consideración de los demás.

En la época de crecimiento, las personas más importantes en la formación de la idea de uno mismo y de la confianza en uno mismo son los padres y los profesores. Ellos, con su aprobación o no, contribuyen a la construcción de una imagen más o menos sólida.

En la fase preadolescente y adolescente, por el contrario, es el mundo de los semejantes, es decir, de los coetáneos (compañeros de escuela, de juegos o de deporte, etc.) el que se considera patrón indiscutible para la creación de la autoestima.

Está claro que todo queda filtrado por la idea fundamental que cada uno tiene dentro de sí. El joven que no se quiere difícilmente apreciará los mensajes positivos lanzados desde el mundo exterior.

Le parecerá raro, pensará que se trata de una coincidencia, que no durará, que no es verdad, etc.

Por el contrario, el joven que parte de una buena idea de sí mismo será más proclive a recoger el consenso y hacer buen uso y, al mismo tiempo, olvidará voluntariamente las críticas, los fracasos y todo cuanto no esté en sintonía con la idea de sí mismo que ya ha estructurado suficientemente en su mente, en su corazón.

Y, entonces, ¿no hay nada que hacer para modificar estas condiciones en el caso en que, por ejemplo, entrar de lleno en el juego de vivir provoque sufrimientos?

- En primer lugar, es indispensable afirmar/aceptar cómo se es.

- En segundo lugar, hay que comprobar qué se ha sido capaz de hacer hasta aquí en lo referente a ponerse manos a la obra.

- También será conveniente entender de quién hemos adquirido una cierta actitud y en qué época (cuanto más joven se sea, la impresión y el comportamiento estarán más enraizados y serán más difíciles de modificar). «¿A qué tengo miedo? ¿Qué me asusta? ¿Qué temo? ¿Quién podría herirme y hacerme sentir desubicado?».

Entrar en este juego es necesario, no es una elección. Arriesgarse forma parte del juego y el juego forma parte de la vida. No aceptar el juego significa de algún modo no aceptar hasta el final la vida. Pero ¿cuántas satisfacciones podrá dar la vida si no se acepta o se vive hasta el fondo? Entrar en este juego, primero arriesgando poco, puede querer decir, por ejemplo, no abandonar nuestros méritos, al menos en las cosas que estamos convencidos de poder realizar con competencia o de poder afrontar con cierta seguridad en el plano personal.

No se puede pedir a uno mismo que vaya hacia algo que lo desestabilice. Se ha de intentar incidir sobre algo positivo, sobre lo seguro, sobre lo adquirido: sobre aquello que nadie podrá arrebatarnos. De quien no quiere a otra persona se dice que es un «detractor», precisamente porque intenta arrebatar algo que el otro cree tener. Comenzar este juego puede partir, por tanto, de la valoración o de la confirmación de lo que se es o se tiene, como pueden ser las características personales, la habilidad, la competencia, etc. ¡Pero no basta! Para vivir se necesita respirar. ¿Y qué es respirar —simplificando al máximo— sino un «meter dentro» y un «sacar fuera»? Fuera como metáfora: si dentro de mí no introduzco nada que provenga del exterior, ¿cómo puedo conocerme/crecer solo?

En cambio, es necesario tomar para después sacar: sólo esto puede permitirme seguir viviendo. En el caso del hombre, «sacar» puede significar:

— expresar;
— decir;
— dedicarse;
— probar;
— moverse;
— interesarse;
— levantarse después de una caída;
— tener en cuenta el fracaso;
— volver a intentarlo;
— gritar.

De estas acciones derivará un cierto efecto en la realidad que nos rodea (formada por personas y cosas); de aquí partirá el *feedback*, es decir, una respuesta de vuelta que recibiré y que me cambiará: concretamente, si es positiva, me ayudará a continuar por ese camino, si es negativa, me inducirá a no repetir esa actitud, puesto que no produce efectos positivos. No es posible, por tanto, comprobar siquiera la idea que los demás tienen de mí si no me expreso. Y esta es precisamente la situación de muchas personas que no se quieren bastante: no consiguen «sacar fuera» nada propio.

Entrar en el juego en la tercera edad

¿Qué puede significar, en este punto de la vida, entrar en el juego? Mantener o, aún mejor, seguir desarrollando el diálogo interno y con el mundo de los demás y las cosas. Hay ancianos que se abren y, finalmente, respiran autoestima una vez liberados de los muchos pesos de los roles y las funciones mantenidos hasta la época de la jubilación. Lo que ocurre es que, llegados a un cierto punto, existe una verdadera liberación, con la consiguiente disposición de energía que se permite fluir hacia los intereses, las relaciones personales, el cuidado de la persona. ¡Nunca es tarde!

La persona que haya tenido una vida rica en experiencias y satisfacciones será menos propensa a cerrarse en sí misma por los achaques y problemas que se presentarán desde el punto de vista físico y psicológico. En primer lugar, es necesario seguir saliendo de casa para mantener una buena idea de uno mismo. ¿Por qué salir sienta bien? Encontramos gente, nos movemos; recordemos el punto de partida de la autoestima: un cuerpo que funciona bien, es decir, que es capaz de sentir tensión y distensión.

Desde el punto de vista mental es bueno mantenerse en forma. ¿Cómo? Leyendo, yendo al cine, haciendo crucigramas, matriculándose en la universidad... Aunque existan actividades que se dejaron de lado por los compromisos laborales y familiares, en este periodo se pueden permitir emociones importantes y sin grandes cambios (si no se quiere o no se puede). Actualmente hay muchas posibilidades de alimentar el espíritu y la mente sin caer directa o necesariamente en la acción. Y esto es un factor importante para quien está reduciendo lentamente el consumo de energía en cosas poco importantes, para reservar sus recursos psicofísicos en lo que es más importante. ¡Menos acción no quiere decir menos vida! ¿Qué debería hacer entonces quien esté postrado en una cama, sin la posibilidad de moverse? ¡Muy importante! No rechazar las «oportunidades» que la vida ofrece a cada edad; pero, en especial a «cierta» edad es vital aprovechar las ocasiones, como una invitación o autoinvitación...

También es útil recuperar una afición abandonada desde hace mucho, pero que de forma fortuita ha vuelto a aparecer, provocando sensaciones positivas: ¡cojámosla al instante! Nadie asegura que la vida ofrezca oportunidades en número infinito, aunque, ciertamente, las da en gran cantidad en cualquier fase de la vida, cada día. Sólo has de pensar en cuántas veces hemos ignorado o dicho «no, gracias» a lo que se nos ofrecía gratuitamente, entendiendo por gratuito aquello que no habíamos ido a buscar ni nos había costado ningún esfuerzo.

Entrar en el juego quiere decir vivir afectiva y emocionalmente de forma serena, acercándonos a las personas que queremos: esto es válido en cualquier época y edad.

En la vejez será bonito vivir, también, de las experiencias de los que queremos, participando de sus alegrías y dolores. Endurecer el corazón es el primer paso para una mala percepción de uno mismo, para conseguir un empobrecimiento personal que se sobrepone al decaimiento físico. La vejez es el momento para la tolerancia, la paciencia, la lentitud. Estos pueden ser valores que descubrir, si antes no se han practicado y conocido, y constituir una importante novedad que ocupe la mente y el corazón hasta activarse en las relaciones con uno mismo, con los demás, con el mundo que nos rodea.

En las situaciones de soledad o en los casos en que nos hemos alejado de los parientes, es frecuente que un extraño tome el puesto principal y se le colme de atenciones. No se debe ver este caso como algo extraño: sólo podemos dirigir en parte los cambios de nuestra vida.

Independientemente de la religión que practiquemos o de las ideas políticas o credo, debemos reconocer que la naturaleza se manifiesta a través de una especie de «Providencia» que debemos aprender a reconocer y manejar para que nos sea favorable. ¡Y dejemos de lamentarnos! Conseguiremos de inmediato beneficios en nuestra autoestima y estaremos mejor dispuestos hacia nosotros mismos y los demás.

Conclusión

¿Cómo podemos utilizar la autoestima?

El coeficiente de inteligencia viene cada vez más asociado al «coeficiente de emocionalidad», que contribuye al éxito o no de una persona. Y luego hay que tener en cuenta el contexto; por ejemplo, podrías estar muy motivado con un trabajo, con puntuaciones altísimas en cualquier test sobre la autoestima hasta casi la exageración: movido por la corriente positiva podrías dar pasos que después se revelarían como precipitados, inútiles, en ocasiones un auténtico fracaso. Así que autoestima, pero con juicio. ¿Qué quiere decir, en este caso, juicio?

• Tener en cuenta los factores externos: un piloto de Fórmula I (como cualquier otro conductor) debe valorar las condiciones de la carretera. Es decir, trasladarse, por tanto, del interior de la persona (factores psicológicos) al exterior (factores reales). Este cambio de visión sólo puede aumentar las posibilidades de éxito.

• Valorar la importancia, es decir, la consistencia de las propias convicciones adquiridas hasta ahora y maduradas. Estas a veces son difíciles de eliminar, a no ser con la ayuda del mejor psicólogo, sociólogo, psiquiatra, etc.

¡No olvidemos la importancia de escribir y tomar apuntes!
Si queremos intentar medir algún cambio en nuestras actitudes, será conveniente tener puntos de referencia «históricos». El punto de partida serán las palabras con las que el lector haya rellenado los espacios dejados en blanco por el autor. El negro sobre el blanco ayuda a medir y a medirse mejor.

¿Soy una persona abierta/accesible?...

¿Cuánto? ....

¿Qué tal se me da aprender a aprender?...

EN SÍNTESIS: LAS CONSIGNAS DE LA AUTOESTIMA

Desde la primera página de este libro se pretende ayudar a la realización personal de quien emprenda su lectura. Es evidente, por tanto, que el recorrido iniciado continuará también después de estas páginas. Si se puede hacer una reflexión como punto final y, al mismo tiempo, de partida, sugerimos una vez más algunos puntos que cada uno tendrá que hacer suyos a su manera. Se trata de aprender algunas actitudes mentales constructivas, positivas, con respecto a la armonía y al conocimiento.

Armonizar: es la consigna para vivir de manera equilibrada. ¿Armonizar qué factores? Valores, convicciones, creencias, ideas, opiniones, intereses, pasiones.

Conocer: es importante conocer los métodos de motivación propia (lo que nos impulsa a movernos) y de los demás. En otras palabras, ¿qué empuja a una persona a comportarse de una determinada manera? La lista que sigue puede aclarar punto por punto nuestra situación. En segundo lugar, constituye un sencillo rastro para volver a considerar a los demás y, principalmente, sus motivaciones. De este modo es más sencillo entender qué esperan de nosotros y, por tanto, elegir nuestras respuestas. Factores importantes para la persona:

— espiritual;
— físico;
— psicológico;
— autoestima;
— seguridad;
— autonomía;
— individualismo;
— ser;
— devenir;
— pertenencia.

Bienestar y calidad de vida: se habla de esto en todos los aspectos de nuestra existencia. Sería recomendable que cada persona fuera consciente no sólo del camino recorrido sino también de las perspectivas del propio recorrido. Cada término indicado a continuación podría constituir la ocasión para algunas reflexiones «en frío» sobre los cambios que el lector desea aportar a su propio modo de vivir y de entender la vida:

— desarrollo, ¿de qué? ....
— cultura, ¿en qué sentido? ....
— competencias, ¿en qué ámbitos? ....
— ocio, ¿cómo? ....
— objetivos y aspiraciones que revisar ....
— satisfacción gracias a ....

Una última consideración

La situación en que una persona se siente siempre a gusto, porque cuenta con una buena dosis de autoestima, puede estar sujeta por definición a «altibajos». Los imprevistos y las consecuencias que de ellos se derivan pueden, de todas formas, hacer sufrir a la persona en el momento en que se siente atacada o «en crisis» y en los momentos sucesivos, cuando se trata de decidir, de tomar iniciativas, de mirar cara a cara la realidad y tratar de zafarse de la situación de malestar.

Para reducir aún más los niveles de sufrimiento que se pueden derivar de las condiciones de desestabilización, puedes reflexionar sobre algunos aspectos de tu modo de afrontar la vida:

- ¿Tienes un miedo excesivo a equivocarte?

- ¿Adónde te lleva ese miedo? ¿Evitas enfrentarte a alguna situación en particular? ¿Tiendes a retrasar tus esfuerzos? ¿Hay aspectos que te ves obligado a afrontar?

- ¿Has reflexionado bien sobre todas (¡todas, todas!) las consecuencias con las que vas a encontrarte evitando y volviendo a evitar?

Cuando se comienza solo un recorrido de cambio y de mejora de uno mismo, es difícil proceder sin volver a caer en las formas de pensar habituales. De hecho, cada uno de nosotros tiene sus propias convicciones, que derivan de su experiencia y la educación. Dichas convicciones conducen a cada persona a tomar decisiones de forma más o menos automática, a moverse en una cierta dirección antes que en otra.

Si has tenido la paciencia de llegar al final del libro, te habrás dado cuenta de que has tenido la posibilidad de «encontrar» a una persona: Silvio Crosera. Este, al escribir los diferentes capítulos, ha tenido presente su experiencia diaria como psicoterapeuta y la de las personas con quienes transcurre su vida privada y profesional.

En el camino de la autoestima nos encontramos todos, pero hay que pasar por él si queremos vivir bien. ¡Ya ves que no estás solo!

Cada uno de nosotros, comenzando por quien escribe esto, necesita a los demás para realizarse, y cada uno contribuye a la realización de los demás.

Te habrás hecho una idea de cómo es el autor mientras leías y comentabas en tu interior las cosas que ibas descubriendo. Precisamente lo aquí escrito y con lo cual puedes estar de acuerdo o no te ha permitido volver a definirte. Este es un gran paso que has dado tú, solo, por el simple hecho de haberte comparado con quien escribe y te has vuelto a valorar como una persona OK o no OK. Pero todo ha sido posible porque una persona se ha esforzado en hacerte partícipe de sus convicciones, teniendo incluso el valor de exponerse a las críticas. Pues bien, precisamente son estas críticas la esencia de tu existencia: «Estoy de acuerdo» o bien «No estoy de acuerdo». Puedes partir de aquí si tenías baja la autoestima: es asunto tuyo. Yo sólo he expuesto una serie de observaciones que, si te gustan, puedes apropiarte. Si no te gustan, después de haberlas tomado en consideración, déjalas y trata de encontrar las que, por cómo eres, puedan conducirte a una situación de bienestar y de salud que, como hemos visto anteriormente, se traduce en «poder disfrutar de todas las oportunidades a las que una persona tiene derecho».